SUR L'ONTOLOGIE DE MARX

BIBLIOTHÈQUE D'HISTOIRE DE LA PHILOSOPHIE
NOUVELLE SÉRIE
Fondateur : Henri GOUHIER   Directeur : Jean-François COURTINE

SUR L'ONTOLOGIE DE MARX

AUTO-PRODUCTION, TRAVAIL ALIÉNÉ ET CAPITAL

par
Pierre RODRIGO

PARIS
LIBRAIRIE   PHILOSOPHIQUE   J. VRIN
6, Place de la Sorbonne, V e

2014

© *Librairie Philosophique J. VRIN*, 2014
Imprimé en France
ISSN 0249-7980
ISBN 978-2-7116-2589-5

www.vrin.fr

INTRODUCTION

Interpréter le monde, transformer le monde. L'alternative est restée célèbre depuis les *Thèses sur Feuerbach* de 1845. Sa signification n'en suscite pas moins, aujourd'hui encore, les plus vifs débats, comme si l'ensemble des problèmes relatifs au statut du philosophique chez Marx se condensait dans l'énoncé laconique de la onzième des *Thèses*[1], ou – pour démarquer une autre formule célèbre de Marx et Engels – comme si le spectre de la philosophie et de la pensée abstraite n'en finissait décidément pas de hanter le(s) marxisme(s)[2].

L'intitulé du présent ouvrage, *Sur l'ontologie de Marx*, dit assez que nous écartons ce qu'on pourrait appeler la version exclusive de l'alternative, à savoir celle qui considère que l'interprétation théorique ne peut jamais, par principe, contribuer de quelque manière que ce soit à la transformation pratique du monde et que c'est de deux choses l'une : *ou* l'on théorise et l'on interprète comme l'ont toujours fait les philosophes, c'est-à-dire abstraitement, en reconduisant l'illusion de l'autonomie et de la primauté des représentations du réel par rapport à ce réel lui-même, *ou* l'on donne un fondement économico-historique concret à la réflexion en abandonnant tout à la fois le terrain de la spéculation – y compris dans sa variante dialectique (Hegel) – et celui de l'intuition sensible qui lui fait

---

1. « Les philosophes n'ont fait qu'*interpréter* le monde de diverses manières ; ce qui importe, c'est de le *transformer* (*Die Philosophen haben die Welt nur verschieden* interpretiert, *es kömmt darauf an, sie zu* verändern) ». Le point sur les *Thèses* et sur les différentes lectures qui en ont été proposées est fait dans l'ouvrage de G. Labica, *Karl Marx. Les « Thèses sur Feuerbach »*, Paris, P.U.F., 1987.

2. *Cf.* la première phrase du *Manifeste du parti communiste* : « Un spectre hante l'Europe ; c'est le spectre du communisme (*Ein Gespenst geht um in Europa – das Gespenst des Kommunismus*) ».

pendant et qui prétend en être la réfutation (Feuerbach)[1]. Il va de soi, en
effet, que si l'on pense que Marx en est venu à opposer frontalement, à
partir des *Thèses* de 1845, l'action transformatrice du monde à toute espèce
de questionnement théorique (tenu pour constitutivement abstrait) de ce
monde, il faut postuler – ne serait-ce que pour donner à cette opposition un
début de pertinence et de légitimité – qu'il a *lui-même* abandonné l'interro-
gation philosophique pour penser concrètement l'action révolutionnaire.
En conséquence, il n'y aurait plus lieu de parler après cette date d'une
"ontologie de Marx".

Une telle lecture de l'œuvre a prévalu, on le sait, à la suite de la forte
impulsion qui lui a été donnée par Louis Althusser et son école. Elle a indé-
niablement produit une forme de retour à Marx et à ses textes. Ce retour a
cependant été tout entier gouverné par l'hypothèse d'une « coupure » entre
le discours philosophique et la scientificité économico-historique, cette
dernière étant considérée comme le seul régime de pensée susceptible de
rendre compte, en en produisant les lois de développement, de la réalité
concrète prise dans toute la diversité de ses manifestations historiques.
L'exégèse marxiste est revenue depuis lors en grande partie sur cette
stratégie de légitimation des textes et de la pensée de Marx – non sans de
solides raisons, dont l'une des principales est que le prix à payer pour ce
retour à Marx a été, en un geste d'allure finalement fort positiviste,
l'abandon de tout un pan de l'œuvre de l'auteur dont on entendait retrouver
le cœur de l'enseignement en exhaussant enfin sa valeur de vérité aux yeux
de l'histoire. Ce pan fut celui des œuvres du "jeune Marx", dont la concep-
tualité philosophique était évidente et par là même embarrassante pour une
telle lecture de l'œuvre.

Au fil du nouveau courant exégétique nombre de formules ont fait
florès autour d'un thème de la « coupure » réinterprété, en mode critique,
non plus comme séparation franche entre deux régimes de pensée, l'un
philosophique, l'autre scientifique, mais comme symptôme, par nature non
exclusif, d'un *dualisme constructif* inhérent à la pensée de Marx bien
qu'ayant été le plus souvent ignoré de ses disciples et commentateurs.
Ainsi a-t-on convoqué Marx contre Marx, Marx au-delà de Marx, Marx et
les marxismes, etc. Chacune de ces formules a rejoué à sa manière
l'opposition entre concept et réalité, théorie et pratique, abstraction des

---

1. Nous reviendrons en détail sur cette critique croisée de ce que Marx a effectivement
considéré comme les deux versants d'une même illusion. *L'Idéologie allemande* en fournit,
dans sa préface et dans sa première partie, une illustration parfaitement claire à propos des
« Vieux-Hégéliens » comme des « Jeunes-Hégéliens » et de Feuerbach.

représentations et concrétude des réalités socio-historiques, en s'efforçant d'établir que cette opposition est positivement constitutive de la pensée de cet auteur, qu'elle est sa ressource la plus propre. Cette approche présente l'intérêt d'aborder l'alternative entre interpréter le monde et transformer le monde d'une façon, cette fois, *inclusive* – autrement dit, sans présupposer la nécessité d'un saut hors philosophie pour pouvoir agir au niveau de la pratique concrète et du mouvement réel de l'histoire des hommes, ou du moins pour pouvoir penser les conditions concrètes de cette action et de ce mouvement en ne s'abstenant pas idéologiquement des conditions *historiques* de la pensée de l'histoire *des sociétés*. De nombreux textes de Marx, qui sont parmi les plus significatifs de son projet, accréditent cette compréhension inclusive de l'alternative. C'est en particulier le cas de *L'idéologie allemande*, dont on peut rappeler ici un passage bien connu :

> Ce n'est pas la conscience qui détermine la vie, c'est la vie qui détermine la conscience. Dans la première conception, on part de la conscience comme individu vivant ; dans la seconde, qui correspond à la vie réelle, on part des individus eux-mêmes, réels et vivants, et l'on considère la conscience uniquement comme *leur* conscience.
>
> Cette conception ne va pas sans présuppositions. Elle part de circonstances préalables réelles et ne les abandonne pas un seul instant. Ces présuppositions, ce sont les hommes, non pas dans quelque isolement ou immobilité imaginaires, mais dans leur processus d'évolution réel, empiriquement perceptible dans des conditions déterminées. Sitôt décrit ce processus d'activité vitale, l'histoire cesse d'être une collection de faits inanimés, comme chez les empiristes, eux-mêmes encore abstraits, ou une action fictive de sujets fictifs, comme chez les idéalistes [1].

Autant dire que c'est toujours une conception *bien déterminée* de la pensée conceptuelle et de la philosophie, et non la pensée conceptuelle et la philosophie en général, que Marx et Engels veulent quitter en la soumettant à la critique de ses conditions socio-historiques de possibilité et en éclairant, par là même, le processus de genèse des divers modes de production des systèmes idéels *dans* le cours de l'histoire concrète des sociétés humaines. Il se trouve – et c'est assurément ce qui a pu induire et fortifier les lectures de type exclusif – que la conception déterminée de la philosophie que Marx dénonce est, comme il y insiste fortement, *aussi bien* celle de Hegel que celle de Feuerbach, et que l'ensemble du courant Jeune-

---

1. K. Marx, *L'Idéologie allemande*, Partie I : « Feuerbach. Conception matérialiste contre conception idéaliste », *in* M. Rubel (éd.) *Karl Marx. Œuvres III. Philosophie*, Paris, Gallimard, 1982, p. 1057 (noté par la suite : *Œuvres III*).

Hégélien en participe encore. Mais il se trouve aussi que, des *Manuscrits de 1844* jusqu'aux textes les plus tardifs du *Capital*, Marx n'a pas craint de reconnaître expressément la « grandeur » de la conception du mouvement dialectique du réel chez Hegel, le « génie » d'Aristote en matière d'analyse formelle de l'échange marchand et de la monnaie, ou la profondeur de la « révolution théorique » silencieuse accomplie par Feuerbach. La question se pose donc avec insistance : comment conciliait-il la dénonciation de « l'idéologie » philosophique, en particulier sous sa forme allemande, avec l'hommage au génie, à la grandeur ou au sérieux de philosophes comme Aristote, Hegel et Feuerbach ?

La lecture dualiste, celle que nous avons nommée "inclusive", cherche à répondre à cette question en faisant jouer plusieurs versants de la pensée de Marx les uns par rapport aux autres sans les séparer à la manière de la lecture exclusive. Son instrument d'analyse principal est encore, comme dans le cas de la lecture de type exclusif, l'approche génétique : pour faire jouer entre eux sans contradiction les versants de Marx il faut, quasi nécessairement, les distribuer dans le temps de maturation de sa pensée ; il faut marquer, sinon des lignes de coupure, du moins des points d'inflexion en lesquels puisse s'amorcer une transformation de la pratique de la philosophie qui, ultimement, ne sera plus ni idéaliste ni empiriste. C'est dans les *Thèses sur Feuerbach* et dans *L'Idéologie allemande* que ces points d'inflexion ont été trouvés. Mais ici encore le prix à payer pour légitimer l'exégèse a été élevé : il a fallu réduire les positions philosophiques prises par Marx avant 1845, en particulier dans les *Manuscrits de 1844*, à une répétition de l'empirisme de Feuerbach, en se bornant à y relever les traces d'un supposé « humanisme de jeunesse ». Sur ce point du moins, les deux lectures, exclusive et inclusive, sont donc fort proches.

Nous montrerons pour notre part qu'en procédant ainsi on laisse dans l'ombre rien de moins que *le principe de l'ontologie de Marx*. C'est dire, premièrement, que ce principe existe effectivement et n'est ni feuerbachien ni hégélien, et, deuxièmement, qu'il gouverne l'ensemble de la pensée philosophique *et* économico-historique de Marx. Ce principe sera dit *formel*, et c'est au nom d'une analyse des formes, des idéalités et de leur genèse socio-historique que nous nous autoriserons à parler d'une « ontologie de Marx ». Nous verrons qu'au dualisme du sensible et de l'intelligible, du sentiment et de l'Idée – donc, au bout du compte, au dualisme de la statique feuerbachienne et de la dynamique hégélienne – Marx a entrepris dès les *Manuscrits de 1844* de substituer une explication d'ensemble des réalités socio-historiques par ce qu'on pourrait nommer une *dualité concrète*. Ce processus dual est, on le verra, celui de l'entrecroisement de la production ontique historique et de l'auto-production ontologique (par là même historique elle aussi). De fait, les *Manuscrits de 1844* posent les fondements d'une ontologie dont participeront encore l'analyse des formes de l'échange, du travail aliéné et de la forme-marchandise dans *Le Capital*, ainsi que dans d'autres textes majeurs ultérieurs. Duale, cette ontologie n'est pas pour autant dualiste, dans la mesure où elle pose que c'est dans la production matérielle de leurs moyens d'existence que les hommes (ou plutôt les sociétés humaines historiques) s'auto-produisent comme tels, et tout particulièrement comme des êtres conscients de leur être et de leur appartenance générique. Ce processus, ou ce *travail d'auto-production* ne s'éprouve et ne se reconnaît qu'en s'effectuant concrètement dans (et par) la production matérielle non aliénée [1]. Il répond ainsi au *besoin humain* le plus essentiel : celui de l'expression dynamique concrète de soi, de l'objectivation par laquelle un soi ne relevant ni de la subjectivité empirique ni de la subjectivité idéale – un soi qui, du point de vue philosophique, peut être dit "sans sujet" – se connaît en s'effectuant.

On le devine, les manuscrits parisiens de 1844 ont ouvert un chantier philosophique gigantesque que l'œuvre entier de Marx n'a pu suffire à conduire à son terme. Mais précisément, demeuré ouvert, ce chantier est le témoin privilégié d'une pratique de la pensée théorique attentive, non seulement à la genèse historique des abstractions, mais aussi à leur effets sociaux *réels* et à son propre rôle d'émancipation au cœur de la réalité historique de son (et de notre) temps.

N. B. : Dans les citations les soulignements seront toujours ceux des auteurs eux-mêmes, sauf lorsqu'il sera explicitement précisé que c'est nous qui soulignons. On trouvera par ailleurs, dans la Bibliographie finale,

---

1. Dans les *Manuscrits de 1844* Marx définit « l'aliénation », l'*Entfremdung* du travailleur due à la propriété privée, comme « autoactivité [devenue] activité pour un autre (*Selbstthätigkeit als Thätigkeit für einen andern*) » et « production de l'objet comme perte de l'objet au profit d'une puissance étrangère, d'un homme *étranger* (*Production des Gegenstandes als Verlust des Gegenstandes an eine fremde Macht, an einen* fremden *Menschen*) », *cf.* K. Marx, *Manuscrits économico-philosophiques de 1844*, Introduction, traduction et annotations par F. Fischbach, Paris, Vrin, 2007, premier manuscrit, p. 129. De même, le troisième de ces *Manuscrits* évoque le communisme en termes de « suppression *positive* de la *propriété privée* en tant qu'*autoaliénation humaine* (positive *Aufhebung des* Privateigenthums, *als* menschlicher Selbstentfremdung) » (p. 145). Ainsi se conjuguent intimement, ou, à l'inverse, deviennent étrangères l'une à l'autre, l'activité auto-productive, la *Selbstthätigkeit*, et l'activité productive matérielle, la *Production*.

un rappel des abréviations utilisées pour les ouvrages de Marx les plus souvent cités dans les notes de bas de page. Ces abréviations seront également indiquées lors du premier appel de note correspondant à chaque ouvrage.

Chapitre premier

LE BESOIN DE LA PHILOSOPHIE SPÉCULATIVE

Quel est le projet de Marx dans les *Manuscrits de 1844* ? Quelle tâche s'y fixe-t-il ? Peut-on même parler d'*une seule* tâche alors que le texte se présente comme une succession de notes de lecture plus ou moins développées, tantôt économiques, tantôt philosophiques ?

De prime abord, cette difficulté semble assez aisément contournable car, si les *Manuscrits de 1844* témoignent bien, comme on a pu l'écrire, de la première « rencontre de Marx avec l'économie politique » [1], leur lecture conduit à reconnaître rapidement que les concepts économiques de besoin et de travail y sont interprétés à partir de ce qui se laisse repérer, dans ses grandes lignes, comme un *point de vue philosophique*. De fait, que les thèmes abordés dans le premier et le deuxième des *Manuscrits* soient essentiellement économiques et que seule la moitié environ du troisième manuscrit soit consacrée à une critique thématique de la philosophie de Hegel n'entame pas de manière significative la prédominance de l'approche philosophique dans ces trois textes, qui sont significativement placés, dans les feuillets rédigés par Marx en vue d'une Préface, sous le signe d'une critique, devenue urgente, de la dialectique hégélienne [2]. Mais

---

1. *Cf.* L. Althusser, *Pour Marx*, Paris, Maspéro, 1965, p. 157.

2. K. Marx, *Manuscrits économico-philosophiques de 1844*, Préface, *op. cit.*, p. 76 : « J'ai considéré comme absolument nécessaire le chapitre final du présent écrit, l'explication avec la *dialectique hégélienne* et avec la philosophie hégélienne en général, dans la mesure où les *théologiens critiques* de notre époque [*i.e.* : B. Bauer et M. Stirner], non seulement n'ont pas accompli un tel travail, mais n'ont même pas reconnu sa nécessité » (trad. fr. F. Fischbach).

Nous citerons toujours les *Manuscrits de 1844* dans cette traduction et, pour éviter toute confusion avec celles d'É. Bottigelli et J.-P. Gougeon, nous y renverrons en note par :

cette résolution de la difficulté initiale, si elle permet d'assigner pour tâche générale aux *Manuscrits* une interprétation de type philosophique de l'économie politique, se révèle insuffisante lorsqu'on cherche à spécifier le point de vue philosophique qui gouverne cet ensemble : ces textes sont certes philosophiques, ce que tous les commentateurs de Marx accordent au bout du compte, mais de *quelle* philosophie s'agit-il ? La réponse à cette question décide de l'orientation de la lecture des *Manuscrits* et partage clairement les commentateurs quant au statut et à la portée de cet écrit de jeunesse dans l'ensemble de l'œuvre de Marx.

Les uns diront en effet, en reprenant la lecture proposée par Louis Althusser, que cet écrit de jeunesse est « *encore une philosophie*, profondément marquée par la problématique feuerbachienne et tentée par l'hésitation d'un retour en arrière, de Feuerbach à Hegel » [1] – sachant qu'il faut entendre dans ce soulignement, et en particulier dans cet « *encore* », l'annonce d'une « coupure » prochaine dans l'œuvre de Marx (dans le prolongement de la lecture, critique cette fois, de Feuerbach qu'il effectuera en 1845 dans *L'Idéologie allemande*) et l'annonce du futur saut hors philosophie du "Marx de la maturité".

D'autres commentateurs repéreront, quant à eux, dans le même texte sa résonance profonde, non plus avec la pensée de Feuerbach, mais avec celle du jeune Hegel de la *Jenenser Realphilosophie ;* une résonance d'autant plus remarquable qu'elle est demeurée totalement insoupçonnée de Marx lui-même, dont on sait qu'il n'eut aucune connaissance des manuscrits hégéliens de 1803-1804. Ainsi Herbert Marcuse lira-t-il les dernières pages de la *Realphilosophie* comme une saisissante anticipation de *l'ensemble* de l'œuvre de Marx : « [Hegel] atteint le domaine même dans lequel Marx reprendra plus tard l'analyse de la société moderne [...]. Le ton et le pathétique de la description anticipent de manière saisissante *Le Capital* de Marx » [2]. D'où il suit en toute logique que, si le jeune Hegel

---

M. E-Ph. 1844. Quant au texte original, nous le citerons d'après la seconde éd. de la *Marx – Engels Gesamtausgabe* (MEGA²), erste Abteilung, Bd. 2, Berlin, Dietz Vg., 1982 (désormais abrégée en MEGA², I, 2 ; ici p. 326).

1. L. Althusser, *Pour Marx, op. cit.,* p. 158. On trouve un exposé analogue dans la « Présentation » d'É. Bottigelli à sa trad. fr. des *Manuscrits de 1844*, Paris, Éds. Sociales, 1962¹, 1972.

2. H. Marcuse, *Raison et Révolution* (1954), trad. fr. R. Castel et P.-H. Gonthier, Paris, Minuit, 1968, p. 122-123. Voir également, pour une lecture analogue, la présentation de Kostas Papaioannou à sa trad. fr. de K. Marx, *Critique de l'État hégélien (Manuscrit de 1843)*, Paris, U. G. E., coll. 10/18, 1976. Le titre de cette présentation annonce l'impossibilité de la conjonction qui y est néanmoins tentée : « Hegel et Marx : l'interminable débat ». Ce texte a

anticipe le Marx de la maturité, la thèse althussérienne de la « coupure » et d'un saut nécessaire de Marx hors philosophie se trouve *ipso facto* privée de sens [1].

D'autres commentateurs, enfin, liront le texte de 1844 comme témoignage d'une philosophie fondamentalement ambiguë du fait de sa reprise aveugle d'une position métaphysique de fond qu'on pourra tout aussi bien dire feuerbachienne qu'hégélienne. Ainsi Michel Henry écrira-t-il que « la critique de l'hégélianisme n'[a] chez Feuerbach, comme dans les *Manuscrits de 1844,* aucune signification ontologique, mais seulement [...] une signification ontique » [2]. Cette interprétation repose, dans son principe, sur une double hypothèse : d'une part, l'identité des situations ontologiques de Feuerbach et de Marx en 1844, et, d'autre part, l'identité de ces situations elles-mêmes avec la position ontologique de Hegel. L'équivocité fondamentale du texte de 1844 ne sera levée, à suivre cette interprétation, que par les *Thèses sur Feuerbach,* qui représenteront cette fois une coupure de nature *ontologique* au sein du projet philosophique de Marx, et non plus un saut hors philosophie vers la scientificité du discours, comme le voulait Louis Althusser.

Quelles que soient leurs divergences – qui sont, à l'évidence, considérables au niveau thématique – ces trois lectures des *Manuscrits de 1844* ont un point commun et, à vrai dire, un seul : elles ont besoin d'un détour par la philosophie hégélienne, dans laquelle elles trouvent le principe, respectivement, de l'hésitation, de l'héritage ou de l'aveuglement philosophique du "jeune Marx". Or ce besoin est aussi le nôtre dès lors que notre propos est de cerner le projet philosophique des *Manuscrits* et d'analyser le sens et la portée ontologique qu'ils octroient aux concepts de « travail » et

---

été republié dans un recueil d'études de K. Papaionnaou portant le même titre, *Marx et Hegel : L'interminable débat*, Paris, Allia, 1999.

1. La date de cette coupure constitue elle-même une interminable question. L. Althusser, tout en maintenant sa thèse, écrira en effet : « Plus je vais, et plus je pense que cette thèse est juste. Je dois pourtant reconnaître que j'ai donné une idée beaucoup trop tranchée de cette thèse, en avançant l'idée qu'on pouvait situer cette rupture en 1845 [...]. Lorsque paraît le livre I du *Capital* (1867) il reste encore des traces de l'influence hégélienne. Elles ne disparaîtront *totalement* que plus tard : la *Critique du programme de Gotha* (1875) ainsi que les *Notes marginales sur Wagner* (1882) sont *totalement et définitivement exemptes* de *toute* trace d'influence hégélienne », in *Le Capital*, livre I, trad. fr. J. Roy, Avertissement au lecteur, Paris, G.F.-Flammarion, 1969, p. 21 (c'est, bien entendu, Althusser qui souligne).

2. M. Henry, *Marx*, t. I : « Une philosophie de la réalité », Paris, Gallimard, 1976, p. 315.

de « production », auxquels il conviendra d'ajouter, comme nous le verrons, celui, précisément, de « besoin » [1].

LE CONCEPT HÉGÉLIEN DE TRAVAIL

De la critique du machinisme exposée dans les dernières pages du manuscrit hégélien de 1803-1804, on retiendra tout d'abord le passage suivant : « En faisant exploiter la nature par toutes sortes de machines, l'homme [...] ne se tourne pas de manière vivante vers la nature en tant qu'elle est une nature vivante. Au contraire, le travail perd cette vitalité négative et le travail qui reste encore à l'homme devient même plus *mécanique* » [2].

Il est bien évidemment tentant de lire dans ces lignes, à l'instar d'Herbert Marcuse, une anticipation des thèses marxistes sur l'aliénation du travail. Ce l'est d'autant plus que Hegel relève ensuite que l'effet du machinisme est que « le travail devient absolument mort » et que « la conscience de l'ouvrier d'usine est rabaissée au dernier degré d'abrutissement (*Stumpfheit*) » [3]. Mais une telle anticipation s'avère problématique dès que l'on remarque que la fin du texte de Hegel en appelle à un « domptage » par l'État de l'irrationalité du « monstre » (*Ungeheuer*) né de l'immense système de communauté et de « dépendance aveugle » issu du machinisme dont Hegel brosse le tableau en ces termes : « *ein ungeheures System von Gemeinschaftlichkeit und gegenseitiger Abhängigkeit, ein sich in sich bewegendes Leben des Toten, das [...] als ein wildes Tier einer beständigen strengen Beherrschung und Bezähmung bedarf* » [4]. En fait, ni

---

1. Pour une bonne présentation des diverses interprétations du projet de Marx dans les *Manuscrits de 1844*, *cf.* l'étude circonstanciée d'E. Renault, *in* G. Duménil, M. Löwy et E. Renault, *Lire Marx*, Paris, P.U.F. 2009[1], 2014[2], « Deuxième partie. Philosophie », p. 93-196 (principalement le § II, p. 129-163). L'auteur interprète le projet global de Marx comme relevant d'un « projet de *transformation* radicale de la *pratique philosophique* plutôt que d'une liquidation de la philosophie ou d'une nouvelle philosophie » (p. 95). Comme on le verra, nous partageons cette lecture dans ses grandes lignes. Le cœur du problème est alors de déterminer le *terrain* d'une telle transformation de la pratique philosophique.

2. G. W. F. Hegel, *Jenenser Realphilosophie I*, trad. fr. G. Planty-Bonjour, *La première philosophie de l'Esprit (Iéna, 1803-1804)*, Paris, P.U.F., 1969, p. 126 (noté désormais *Realphilosophie I* et cité dans cette traduction).

3. *Ibid.*, p. 128.

4. Les traductions de G. Planty-Bonjour (*op. cit.*, p. 129) et d'H. Marcuse (*op. cit.*, p. 123) s'éloignant fortement du texte original, nous traduirons par : « Un système monstrueux [ou gigantesque] de communauté et d'interdépendance, une vie mouvante en soi-même de la

le pathétique de la description de «l'abrutissement» de l'ouvrier, ni la résonance marxiste de certains termes du vocabulaire hégélien (tel que «travail mort») ne dispensent d'une recherche de l'horizon métaphysique dans lequel apparaît chez Hegel le concept de travail. Cette recherche seule permettra de ramener à son principe (*arkhè*) un débat qui n'est – pour reprendre le mot de Kostas Papaioannou – «interminable» que parce qu'il est de part en part an-archique. Le fil de cette recherche peut être dénoué à partir d'une compréhension ontologique du concept de «nature vivante» que Hegel oppose, dans la *Realphilosophie*, à la «vie mouvante en soi-même de la matière morte». De quels concepts de nature et de vie s'agit-il ici ?

Au commencement était le mythe, rappelle la *Phénoménologie de l'Esprit*, aussi un retour «à l'école la plus élémentaire de la sagesse, à savoir aux anciens mystères, célébrés à Éleusis, de Cérès et de Bacchus», aura-t-il quelque chance de nous initier au «secret de l'acte de manger le pain et de boire le vin» [1], c'est-à-dire aux mystères révélés de la nature et de la vie, autrement dit, à ce que nous cherchons. De la méditation de ce mythe de la déesse-mère Démèter refusant à la Terre le don de la fertilité jusqu'à ce que sa fille Perséphone lui soit rendue du royaume d'Hadès nous apprenons, rappelle Hegel, ce que les animaux savent en fait depuis toujours du plus profond de leur désir, eux qui «se saisissent sans plus de façons [des choses sensibles] et les consomment» [2] : nous apprenons que le négatif est le moteur naturel de la vie naturelle. C'est pourquoi l'essence de la nature n'est nullement ce que croit la philosophie d'entendement : elle n'est jamais d'être donnée, ou posée face à une conscience théorique contemplative qui, par le biais de la *tractatio* et du doute (*Zweifel*) métho-dique, pourrait atteindre à la connaissance pure. Selon Hegel, la leçon du

---

matière morte, qui [...], comme une bête sauvage, a besoin d'une ferme domination continue et du domptage». Ce point n'échappe pas à H. Marcuse, mais n'altère pas sa thèse de l'anti-cipation ; il écrit en effet : «on ne s'étonnera pas de voir le manuscrit s'interrompre sur ce tableau, comme si Hegel était saisi d'effroi par les résultats de son analyse de la société productrice de marchandises» (*op. cit.*, p. 123). Outre le fait que le texte hégélien ne parle pas de «marchandise» (*Ware*) mais d'objet devenant «autre qu'il n'est» (*anderes als es ist*), on peut noter que l'effroi supposé de Hegel se transforme dès la *Realphilosophie II* en une théorie de l'*Aufhebung* par l'État en tant qu'instance de maîtrise du «déchirement de la volonté, [de] la révolte intérieure et [de] la haine (*die höchste Zerrissenheit des Willens, innere Empörung und Hass*)», cité par H. Marcuse, *Raison et révolution, op. cit.*, p. 125 n. 19.

1. G. W. F. Hegel, *Phénoménologie de l'Esprit*, I. La certitude sensible, trad. fr. B. Bourgeois, Paris, Vrin, 2006, p. 141.

2. *Ibid.*

mythe conduit bien plutôt à « désespérer » (*verzweifeln*) du sensible et, s'il
nous faut apprendre le secret de boire le vin et de manger le pain, c'est pour
accomplir, non sur le mode animal mais sur un mode spécifiquement
humain, cet anéantissement de l'évidence du donné naturel et pour accéder
par là à la vraie saisie conceptuelle, au *Begriff* comme tel, « en tant qu'il
regarde le négatif en face, qu'il séjourne auprès de lui. Ce séjour est la force
magique qui convertit ce négatif en l'être » [1]. Si l'homme est le concept
même (*der daseiende Begriff selbst*), c'est donc au sens où tout être est
développement de « la puissance inouïe du négatif » et où la vie de l'esprit
est « la vie qui supporte une telle mort et se maintient en elle » [2].

    Sur le fondement de cette interprétation ontologique des concepts
hégéliens de nature et de vie on conçoit que le travail puisse être dit, dans la
Jenenser Realphilosophie se tourner « de manière vivante vers la nature en
tant qu'elle est une nature vivante » : cette assertion a pour sens profond
que le travail humain participe par essence de la négativité universelle, et
ce selon un mode de participation qui ne représente en aucune façon un
épisode, une aventure pouvant advenir comme par surcroît à une
conscience théorique ayant aussi la faculté de devenir pratique. Dans
l'ontologie hégélienne cette participation est en effet un moment absolument nécessaire de la formation (*Bildung*) de la conscience engagée dans
l'épreuve d'endurance du désespoir qu'est toujours l'expérience vitale. Si
donc les animaux « ne sont pas exclus de cette sagesse » [3] révélée par les
mystères d'Éleusis, et s'ils peuvent en remontrer sur ce point « à ceux qui
affirment la vérité et [la] certitude de la réalité des ob-jets (*Gegenstände*)
sensibles » [4], cela ne signifie certes pas qu'ils détiendraient le dernier mot
du savoir. C'est qu'en effet le désir animal reste lié à l'instinct et demeure
pris dans l'infinie répétition des besoins. L'animal est donc toujours infi-
niment dépendant des objets de son désir répété et n'atteint jamais à l'universalité, c'est-à-dire ne *se forme pas* par son désir et ne le reconnaît jamais
comme tel. Ce qui lui échappera toujours est la reconnaissance de

---

1. *Ibid.*, Préface, p. 80.
2. *Ibid.* L'importance du concept ontologique de vie chez Hegel a été soulignée par
H. Marcuse dans sa thèse *Hegels Ontologie und die Grundlegung einer Theorie der
Geschichtlichkeit* (1932), trad. fr. G. Raulet et H. A. Baatsch : *L'ontologie de Hegel et la
théorie de l'historicité,* Paris, Minuit, 1972. On se reportera plus particulièrement à la seconde
partie : « Le concept ontologique de vie comme fondement originaire de l'ontologie hégélienne », p. 209 *sq.*
3. *Ibid.*, p. 141.
4. *Ibid.*

l'universel du désir dans tous ses désirs, la connaissance, donc, du concept universel qui supprime et conserve (*aufhebt*) tous ses désirs singuliers.

Par suite, le désir animal, tel que Hegel le conçoit, tente toujours à nouveau de mettre fin à son « désespoir », au déchirement entre le besoin et l'objet naturel de ce besoin, en *anéantissant* immédiatement cet objet, mais il perpétue ainsi le déchirement qui est le sien. Telle est la « vie qui, dans son mouvement, s'agite d'une manière aveugle et élémentaire » [1], celle de l'animal sauvage dont le « monstre » social issu du machinisme mime l'agitation. Le véritable travail humain vivant, en revanche, celui qui est antérieur au machinisme et qui « se tourne de manière vivante vers la nature en tant qu'elle est une nature vivante », *supporte* le déchirement entre la conscience et le monde en façonnant un monde objectif et en en différant la jouissance immédiate.

On sait que, dans le processus de formation (*Bildung*) de la conscience dont la *Phénoménologie de l'Esprit* retrace les moments, le façonnage (*Formierung*) de la nature est tout d'abord le fait du travail (*Arbeit*) qui échoit à l'esclave [2], lequel se forme en retour à la véritable obéissance, qui est de participer et collaborer à l'universel en renonçant à ses désirs et présomptions. Mais cette collaboration à l'universel ne peut atteindre à sa réalisation effective que prise en son sens le plus propre et le plus général, c'est-à-dire dans la société (*Gesellschaft*) – où chaque conscience reconnaît son reflet dans les autres et œuvre avec elles à réaliser l'œuvre d'un peuple (*Volkswerk*). La trilogie hégélienne *Bildung-Arbeit-Formierung* ne prend donc toute sa signification que lorsqu'on l'analyse jusqu'en son fondement ontologique, qui est la pensée de l'être en tant que développement achevé des phases de négativité qui le constituent dynamiquement, ou, pour reprendre la formule de Hegel, la pensée de l'être comme Absolu qui « est essentiellement *résultat,* [qui] n'est qu'à la *fin* ce qu'il est en sa vérité » [3]. Sous cet angle, le travail apparaît comme un besoin réfréné, autrement dit comme l'endurance de la conscience du déchirement (*Zerrissenheit*). Cette endurance formatrice produit, certes, des œuvres

---

1. G. W. F. Hegel, *Realphilosophie I, op. cit.,* p. 129.

2. *Cf.* G. W. F. Hegel, *Phénoménologie de l'Esprit*, IV. La vérité de la certitude de soi-même, A. Maîtrise et servitude, *op. cit.,* p. 206-211. Voir également *Propédeutique philosophique,* deuxième cours, § 36, à propos de l'esclave : « Son *travail* au service d'un autre est, d'un côté, en lui-même une *aliénation de son vouloir,* mais en même temps, d'un autre côté, avec la négation de son désir propre, le *façonnage* positif des choses extérieures par le travail [...]. L'aliénation de *l'arbitraire inessentiel* constitue le moment de la véritable obéissance », trad. fr. M. de Gandillac, Paris, Gonthier-Denoël, 1977, p. 81.

3. G. W. F. Hegel, *Phénoménologie de l'Esprit,* Préface, *op. cit.,* p. 70.

dans lesquelles les producteurs se reconnaissent, ce qui assure provisoirement une certaine unification (*Einheit*), mais œuvres et producteurs
périssent et seuls demeurent et se transmettent les *instruments*, pour autant
qu'ils ne se maintiennent pas simplement tels quels mais sont sans cesse
perfectionnés par le jeu de l'apprentissage et de l'habileté, et ce jusqu'au
stade final de la machine : « L'instrument comme tel dispense l'homme
d'anéantir matériellement la nature. Mais l'anéantissement *demeure
encore l'activité formelle de l'homme ; il demeure son activité propre* [...].
Dans la *machine*, l'homme supprime même cette activité formelle qui est
sienne [...]. Mais cette tricherie (*Betrug*) se venge de lui » [1].

Après avoir reconnu dans cet « anéantissement » de la nature matérielle
l'activité proprement vivante de l'homme, celle par laquelle il participe au
mouvement de tout ce qui est, on est mieux en mesure de comprendre
pourquoi la machine relègue de fait, selon Hegel, la conscience de l'ouvrier
« au dernier degré d'abrutissement » : c'est parce que, en tant que négativité
fonctionnant par elle-même, en tant *qu'automate négatif*, elle lui ravit son
être le plus propre. La « tricherie » dont il est question dans le texte de Hegel
est donc d'avoir tenté de ruser avec la négativité, avec le déchirement.
Mais, en confiant le poids du travail du négatif à la machine, l'homme
retrouve une unité qui n'est plus que celle « d'un chacun » (*einen jeden*),
celle de l'individu qui « ne se fabrique plus ce dont il a besoin ; autrement
dit [qui] n'a plus besoin de ce qu'il s'est fabriqué [...]. La *connexion d'une
espèce singulière de travail* avec toute la masse infinie des besoins devient
tout à fait impossible à voir et se transforme en une *dépendance aveugle* » [2].
Ainsi la société civile devient-elle « une infinité empirique de singu-
larités » [3], une mauvaise infinité, donc, qui a rompu le cycle de la négativité
et qui ne peut trouver en elle-même le moment de l'unité des diversités
antagonistes. La « dépendance aveugle » n'est alors que le symptôme de
l'impossible moment de l'unité, et la « connexion » des travaux n'est que
celui d'une collaboration devenue simple proximité spatiale au sein de la
division du travail. Ce processus produit finalement un monstre social dont
les cellules individuelles ne s'organisent plus mais s'affrontent dans une
agitation aveugle. Un tel monstre ne pourra qu'être « dompté » (ou

---

1. G. W. F. Hegel, *Realphilosophie I, op. cit.,* p. 125-126. Sur les connotations des termes
List et *Betrug*, voir la note du traducteur, p. 126 : « alors que la *List* (ruse) est toujours avan-
tageuse à l'homme, le *Betrug* (ruse, tricherie) entraîne des effets à la fois avantageux et
nuisibles à l'homme ».
2. *Ibid.*, p. 126 et 128.
3. *Ibid.,* p. 128.

« maîtrisé ») car il est proprement contre-nature. C'est la vengeance en retour du *Betrug*.

On se souvient que, selon le manuscrit hégélien de 1804, ce domptage devait incomber à l'État, en tant que manifestation objective de l'Idée, seule capable d'imposer à la sphère anarchique des besoins le moment de l'unité. Mais on sait aussi, et c'est un fait fort remarquable, que dans ses *Principes de la philosophie du droit* Hegel n'emploie plus les concepts d'*ungeheures System* et de *Betrug*, et que le domptage fait alors place à la suppression-conservation (*Aufhebung*) de la société civile par l'État. La raison en est que le caractère monstrueux du machinisme s'y trouve gommé dans sa radicalité par une série de médiations rationnelles. Le machinisme engendre certes encore la plèbe, ou la « populace (*Pöbel*) » [1] avec « l'excès de fortune » [2], mais l'exportation, le trafic et la prévoyance administrative des corporations assurent alors, selon Hegel, les premières *médiations* vers une universalité des intérêts. L'économie politique, dont Hegel salue la naissance, « montre comment la *pensée* (*cf.* Smith, Say, Ricardo) décèle, au sein de la multitude infinie de détails-singuliers qui gisent devant elle, les principes simples de la Chose (*Sache*), l'entendement qui est efficient en elle et qui la gouverne » ; et elle montre par là même que « l'élément-réconciliateur est, dans la sphère des besoins, l'acte de connaître ce paraître de la rationalité qui réside et qui se met en œuvre dans la Chose (*Sache*) » [3]. Autant de médiations qui réconcilient la Raison avec la foule infinie des manifestations des intérêts particuliers et qui rendent concevable que « l'esprit de corporation, qui se génère dans la fondation-juridique des sphères particulières se renverse en même temps au-dedans de soi-même en esprit de l'État, attendu que c'est en l'État qu'il a le moyen de préserver les fins particulières » [4]. Il s'ensuit que l'État est la seule sphère en et par laquelle des fins réellement universelles peuvent s'atteindre, et que c'est à son niveau que l'administration « fréquemment maladroite » des corporations peut gagner « le point de vue universel » [5].

---

1. G. W. F. Hegel, *Principes de la philosophie du droit*, § 244, trad. fr. J.-F. Kervégan, Paris, P.U.F., 1998, p. 323.

2. *Ibid.*, § 245, p. 324 : « Malgré *l'excès de fortune*, la société civile n'est *pas assez fortunée*, c'est-à-dire qu'elle ne possède pas suffisamment, dans la richesse qu'elle a en propre, pour remédier à l'excès de pauvreté et à l'engendrement de la populace ».

3. *Ibid.*, § 189, p. 285 et p. 286.

4. *Ibid.*, § 269, p. 388.

5. *Ibid.*, p. 389. Ce qui ne signifie évidemment pas que l'État soit au service des corporations, mais que c'est en lui qu'elles réalisent leur « transformation » (leur *Aufhebung*).

Ceci étant, on conçoit assez bien que Marx ait cru devoir rappeler, dans la Postface à la seconde édition allemande du *Capital* de 1873, son opposition frontale à la compréhension hégélienne de la dialectique, en particulier à sa dialectique de l'histoire, en écrivant : « Pour Hegel le procès de la pensée, dont il va jusqu'à faire sous le nom d'Idée un sujet autonome, est le démiurge du réel (*der Demiurg des Wirklichen*), qui n'en constitue que la manifestation extérieure »[1]. Sans doute voulait-il rappeler par là qu'à suivre Hegel, l'État, incarnation historique de l'Idée, et l'État seul, est l'ouvrier, l'unique *dèmiourgos* capable d'œuvrer un monde réel et rationnel unifié dans le déchirement même de ses diversités. Cette position théorique idéaliste représente, aux yeux de Marx, une « mystification » qui détourne de son sens la découverte, par le même Hegel, de la nature dialectique du réel. Mais on ne s'est pas fait faute de remarquer que ces mots furent écrits huit ans après la publication du livre I du *Capital*, et qu'il pourrait bien y avoir quelque mauvaise foi dans le demi-aveu qui leur fait suite :

> Mais au moment même où je rédigeais le premier volume du *Capital*, les épigones grincheux qui font aujourd'hui la loi dans l'Allemagne cultivée se complaisaient à traiter Hegel [...] en « chien crevé » (*als « toten Hund »*). Aussi me déclarai-je ouvertement disciple de ce grand penseur et même, dans le chapitre sur la théorie de la valeur, j'eus la coquetterie de reprendre ici et là sa manière spécifique de s'exprimer[2].

La question du rapport de Marx à la philosophie de Hegel demeure donc ouverte à ce stade : anticipation et héritage à demi reconnu, d'un côté, rupture proclamée mais plus ou moins inaccomplie, de l'autre... Pour instruire cette question, et pour saisir en premier lieu en quoi les *Manuscrits de 1844* s'écartent de l'ontologie hégélienne, il pourra s'avérer utile de questionner un concept qui semble aller de soi dans la *Realphilosophie* et que nous avons jusqu'à présent accepté comme tel, à savoir le concept de « besoin ».

---

1. K. Marx, *Le Capital*, Postface à la 2e éd. allemande du livre I, in *Le Capital. Critique de l'économie politique*, livre premier, trad. fr. J.-P. Lefebvre *et alii*, (Paris, Éds. Sociales, 1983[1]), Paris, P.U.F., 1993, p. 17.

2. *Ibid.*, p. 17. Suit l'image célèbre – trop célèbre sans doute, car elle est massive – de la dialectique hégélienne qui « est sur la tête » et qu' « il faut retourner pour découvrir le noyau rationnel sous l'enveloppe mystique ».

LE BESOIN DE LA PHILOSOPHIE HÉGÉLIENNE

Au stade du machinisme chacun « ne se fabrique plus ce dont il a besoin, autrement dit il n'a plus besoin de ce qu'il s'est fabriqué » [1]. L'objet partiel et parcellaire fabriqué par l'ouvrier soumis à la division du travail mécanisé ne peut en effet satisfaire ses besoins. À cette fin, l'objet « doit devenir un autre que ce qu'il est » [2], c'est-à-dire doit devenir dépendant d'autres objets parcellaires produits eux aussi dans des conditions semblables. La dépendance aveugle d'une telle infinité des besoins d'un chacun, et les conflits qui s'ensuivent lorsqu'une « opération éloignée gêne subitement et rend superflu et inutilisable le travail de toute une classe d'hommes qui, par lui, satisfaisaient leurs besoins » [3], rendent nécessaire, comme on l'a dit plus haut, un domptage par l'État.

À première vue, cette dépendance aveugle caractérisant la société marchande, paraît fort proche de celle que Proudhon analyse dans sa *Philosophie de la misère* lorsqu'il note : « Parmi les objets dont j'ai besoin, un très grand nombre ne se trouve dans la nature qu'en une quantité médiocre, ou même ne se trouve pas du tout, je suis forcé d'aider à la production de ce qui me manque » [4]. Il semble par conséquent que tout un chacun peut dire, à suivre Hegel ou Proudhon, « je suis juge de mon besoin » [5]. Que l'on se propose ensuite, comme Proudhon, de « résoudre cette opposition » [6] entre le jugement de l'acheteur et celui du producteur, ou que l'on affirme, avec Hegel, que la résolution n'est possible que par le domptage de l'État, ne change rien à l'apparente identité de fond de ces deux pensées du besoin. Il suffirait dès lors de dénoncer, avec Marx, le mythe qui voit dans l'acheteur et le producteur « deux chevaliers du libre-arbitre » [7], et de souligner que Hegel et Proudhon en sont restés à l'évidence naïve d'un sujet du besoin aux prises avec des entraves factuelles dues à

1. G. W. F. Hegel, *Realphilosophie I*, *op. cit.*, p. 126.
2. *Ibid.*
3. *Ibid.*, p. 128-129.
4. P. J. Proudhon, *Système des contradictions, ou Philosophie de la misère*, cité par Marx in *Misère de la philosophie. Réponse à la* Philosophie de la misère *de M. Proudhon* (1847), *in* M. Rubel (éd.), *Œuvres. Économie I*, Paris, Gallimard, 1965, p. 9.
5. P. J. Proudhon, *Philosophie de la misère*, cité par Marx, *Misère de la philosophie*, *op. cit.*, p. 16.
6. *Ibid.* : « Il est prouvé que c'est le *libre-arbitre* de l'homme qui donne lieu à l'opposition entre la valeur utile et la valeur en échange. Comment résoudre cette opposition tant que subsistera le libre-arbitre ? Et comment sacrifier celui-ci, à moins de sacrifier l'homme ? », cité par Marx, *Misère...*, *op. cit.*, p. 16.
7. K. Marx, *Misère...*, *op. cit.*, p. 20.

l'interdépendance des travaux utiles, alors qu'en réalité tout besoin est déterminé *socialement* avant d'être individuel, en sorte qu'en vérité « le consommateur n'est pas plus libre que le producteur »[1].

Mais le concept hégélien de besoin résiste à ce type de critique. En effet, s'il est vrai que le texte de la *Realphilosophie* implique la notion de sujet du besoin[2], ce serait méconnaître le sens de son concept de « sujet » que de l'interpréter comme une pure intériorité – ce qui est bien le cas chez Proudhon. Ce n'est assurément pas en vue de la satisfaction des multiples besoins *individuels* que l'État domptera la société civile devenue un monstre contre-nature ; c'est pourquoi une lecture critique de ce passage de la *Realphilosophie* doit absolument revenir au fondement métaphysique du concept de besoin chez Hegel. Le commentaire d'un passage de la *Propédeutique philosophique* nous mettra sur la voie :

> Envisagé selon le moment de l'irritabilité, absolument parlant, l'organisme est en relation avec sa nature inorganique. Cette séparation se présente d'abord en lui comme un sentiment de manque, comme un *besoin* [...]. Les puissances inorganiques jouent le rôle de stimulants pour l'organisme, et son activité est la lutte incessante qu'il mène pour [...] les dominer et pour restaurer en lui l'unité[3].

Autant dire que, selon Hegel, tout besoin a pour origine la séparation (ou le déchirement : *Entzweiung* ou *Zerrissenheit*) et pour but la fin de cette séparation, donc l'unité. Mais considérer cette unité simplement comme la cessation du « moment de l'irritabilité », c'est en rester au point de vue subjectif – au sens où le sujet n'est en fait qu'un pôle de la relation tendant à « restaurer l'unité », et où, comme on l'a dit plus haut, ce point de vue est seulement celui de l'animal qui consomme sans plus tarder l'objet vers lequel l'a porté son besoin. Une forme d'unité en ressort effectivement, mais elle n'est qu'apaisement passager promis au déchirement à venir. L'animal reste donc lié au point de vue subjectif et, c'est le point important, pour Hegel il en va de même pour la société civile issue du machinisme, pour autant qu'elle est constituée par un complexe aussi gigantesque que monstrueux de dépendances réciproques.

---

1. *Ibid.*, p. 18.

2. Hegel écrit, par exemple, de l'individu soumis au travail mécanisé : « son travail a pour but le *besoin pris comme un universel* – a donc pour but l'abstraction d'un besoin – mais non pas son besoin », *Realphilosophie I, op. cit.*, p. 127. C'est ce que développera l'analyse de la « sphère des besoins » dans les *Principes de la philosophie du droit*.

3. G. W. F. Hegel, *Propédeutique philosophique, op. cit.*, p. 154-155.

Interdépendance des subjectivités individuelles privées de leur négativité vitale, et donc déchues de leur être-sujet, telle est la détermination la plus exacte du concept de besoin dans la *Realphilosophie*. À la lumière de cette interprétation il est aisé de comprendre pourquoi c'est l'État hégélien, et lui seul, qui peut devenir, selon les termes employés par Marx, « le démiurge de la réalité ». L'État, réalisation objective de l'Idée, est en effet le seul à pouvoir œuvrer un monde qui réponde à ce que la *Differenzschrift* nommait « le besoin de la philosophie » [1] ; un monde dont la philosophie a besoin mais qui a tout autant besoin d'elle pour que son lien au point de vue subjectif se supprime en la « vivante relation » de l'action réciproque des opposés [2].

On se souvient que, selon la *Differenzschrift*, « la raison s'oppose à l'acte par lequel l'entendement fixe absolument la scission » [3] ; qu'elle ne s'oppose donc pas à la scission en tant que telle (qui est au contraire l'une des deux sources du besoin de la philosophie) mais à l'acte qui la « fixe absolument », et qu'elle le fait au nom de « l'originalité vivante de l'Esprit » [4], c'est-à-dire au nom de la puissance vitale d'unification (qui est la seconde source de ce besoin). Dans l'unité conçue comme *Vereinigung* ce sont donc les fixations qui disparaissent, non les oppositions, qui sont reconduites sur le terrain de leur être-un originel. Voilà pourquoi la société issue de cet automate négatif qu'est le machinisme auquel les hommes ont, par tricherie avec la vie, confié le travail de la négation, ne peut prétendre atteindre la *Vereinigung*. C'est qu'elle s'est privée de son moteur, elle a cessé de vivre dans le besoin de la philosophie qui, seul, peut réellement s'apaiser : « Il y a apaisement, c'est-à-dire d'abord paix, parce que les *fixations* seulement disparaissent, tandis que les oppositions apparaissent dans leur vivant » [5]. La Raison est la véritable *Aufhebung* de « l'instrument » que

1. G. W. F. Hegel, *Différence des systèmes philosophiques de Fichte et de Schelling* (1801), trad. fr. M. Méry, in *Premières publications*, Section A 2 : « Le besoin de la philosophie », Gap, Ophrys, (1952), 1975, p. 86-90.
2. *Ibid.*, p. 88 : « Lorsque la puissance d'unification (*Macht der Vereinigung*) disparaît de la vie des hommes, et que les oppositions (*Gegensätze*), ayant perdu leur vivante relation et leur action réciproque (*ihre lebendige Beziehung und Wechselwirkung*) ont acquis leur indépendance, alors naît le besoin de la philosophie (*das Bedürfniss der Philosophie*) ». Le commentaire de cette thèse hégélienne centrale fournit à H. Marcuse son premier appui dans son ouvrage *L'ontologie de Hegel...*, *op. cit.*, p. 19-31. M. Heidegger a consacré, par ailleurs, un séminaire entier à cette même thèse, *cf.* « Séminaire du Thor-1968 », *Questions IV*, Paris, Gallimard, 1976, p. 213-258.
3. *Ibid.*, p. 87-88.
4. *Ibid.*
5. M. Heidegger, « Séminaire du Thor », *op. cit.*, p. 235.

lui est l'entendement [1] et, de même, la suppression-conservation véritable de l'instrument technique n'est pas la machine, mais l'État.

Les résultats de l'analyse de la *Realphilosophie I* n'anticipent donc en rien Marx ; ils ne sont que le développement de la thèse de la *Differenzschrift* sur le concept de besoin et ils ne font qu'anticiper l'analyse de la relève par l'État dans la *Realphilosophie II* et dans la philosophie du droit de Hegel. En 1844, la critique de Marx est, pour sa part, radicale :

> Hegel se place au point de vue des économistes nationaux modernes [c'est-à-dire de l'économie politique moderne]. Il conçoit le *travail* comme *l'essence* de l'homme, comme son essence se vérifiant ; il ne voit que le côté positif du travail, pas son côté négatif. Le travail est le *devenir-pour-soi* de l'*homme* à l'intérieur de l'*extériorisation* ou bien en tant qu'*homme extériorisé*. Le seul travail que Hegel connaisse et reconnaisse est *le travail spirituel abstrait*. Ce qui, de façon générale, constitue donc *l'être* de la philosophie, *l'extériorisation de l'homme se sachant lui-même* ou bien la science *extériorisée se pensant*, cela, Hegel le conçoit comme son essence [2].

C'est une critique effectivement radicale, qui ne doit pas être interprétée comme critique du « travail spirituel abstrait » en tant qu'abstraction conceptuelle opposée au concret, et donc comme une sorte d'anticipation de la rupture à venir de Marx avec la philosophie – cette dernière étant toujours trop abstraite, trop interprétative et trop peu agissante sur le monde. Si tel était le cas, on ne comprendrait pas du tout que Marx puisse penser que Hegel se range au point de vue des économistes ! En fait, s'il en est ainsi c'est parce que, pour Hegel *et* pour des économistes tels que Smith et Ricardo, seul crée de la valeur et a une valeur « le travail en général » [3], celui que Marx nommera précisément le « travail abstrait »

---

1. *Cf.* G. W. F. Hegel, *Différence...*, *op. cit.*, section A-3 : « La réflexion comme instrument de l'activité philosophique », p. 90-93. La réflexion est l'œuvre de l'entendement, elle pose les opposés ; la Raison les rapporte à l'absolu comme à leur unité vivante.

2. K. Marx, *M. E-Ph. 1844*, troisième manuscrit, p. 163. Texte original : « *Hegel steht auf dem Standpunkt der modernen Nationalökonomen. Er erfasst die* Arbeit *als das* Wesen, *als das sich bewährende Wesen des Menschen ; er sieht nur die positive Seite der Arbeit, nicht ihre negative. Die Arbeit ist das* Fürsichwerden *des* Menschen *innerhalb der* Entäusserung *oder als* entäusserter Mensch. *Die Arbeit, welche Hegel allein kennt und anerkennt ist die* abstrakt geistige. *Was also überhaupt das* Wesen *der Philosophie bildet, die* Entäusserung *des sich wissenden Menschen* oder die sich *denkende entäusserte* Wissenschaft, diess, erfasst *Hegel als ihr Wesen* », MEGA², I, 2, p. 405.

3. K. Marx, *Critique de l'économie politique* (1859), livre premier : « Du capital », section I, chap. I, A : « Historique », *in* M. Rubel (éd.), *Œuvres. Économie I*, p. 313 (à propos d'Adam Smith).

– lequel n'est en réalité rien d'autre (il importe au plus haut point, selon Marx, de ne pas l'oublier ou, pire, le masquer) que la *forme historique* prise par le travail au sein du mode de production capitaliste, autrement dit « le travail sous son aspect social, *en tant que division du travail* »[1]. Il faut expliquer plus avant ce point absolument central.

Selon Hegel, comme on sait, le processus dialectique de sortie hors de soi (*Entäusserung*) est, pour toute entité substantiellement donnée, une aliénation, *son* aliénation, *son* devenir-autre qui, pour autant qu'il est *sien*, lui est nécessaire pour qu'elle devienne effective dans la plénitude concrète de son essence. Hegel nomme « travail du négatif » ce processus nécessaire de spiritualisation du donné, qui fait de toute essence un résultat. C'est cela, le « travail spirituel abstrait » que Marx évoque ici. La « valeur » de ce travail, du point de vue spéculatif hégélien, est qu'il *avère l'essence*, autrement dit qu'il constitue son moteur dialectique intime : sans lui aucun réel ne serait effectif et aucun savoir ne le serait non plus. Philosophiquement, c'est bien « le seul travail que Hegel connaisse et reconnaisse », pour autant qu'il est à l'œuvre partout, *y compris* bien sûr dans le processus du travail au sein d'une société, quelle qu'elle soit, et dans les processus économiques en général[2] ; pour autant aussi – et c'est encore un point déterminant pour saisir la portée de la critique de Marx – que c'est en *comprenant théoriquement* la nécessité de ce processus de travail dialectique que la conscience *se* comprend elle-même en accédant à *sa* vérité. L'*Entäusserung* hégélienne, l'extériorisation, est ainsi un moment aussi *positif* que *nécessaire* dont l'archétype n'est en aucun cas à chercher du côté des réalités historiques de la production mais bien plutôt du côté de la dialectique générale de l'Être (de « l'*être* de la philosophie », comme Marx l'écrit), donc du côté du travail « spirituel abstrait » effectué par la conscience théorique. C'est ce point – intimement lié, on le voit, au principe fondamental de l'Idéalisme spéculatif – qui situe la détermination hégélienne du travail à proximité immédiate du « travail tout court » de

1. *Ibid.*
2. Hegel écrit ainsi dans la *Jenenser Realphilosophie*, à propos du travail mécanisé, qu'à ce stade « le travail d'un chacun est, eu égard à son contenu, un travail universel visant les besoins de tous et aussi apte à satisfaire tous les besoins d'un singulier », et que c'est par là que « ce travail a une *valeur* », *Realphilosophie I, op. cit.,* p. 127. C'est l'occasion de préciser, en anticipant sur les analyses qui vont suivre, que pour Marx, tout à l'opposé, le concept de « valeur du travail » (*Wert der Arbeit*) n'est « qu'une expression imaginaire (*nur ein irrationeller Ausdruck* » qui se trouve à la source des quiproquos de l'économie politique (J. Roy traduisait : « une expression irrationnelle ») ; *cf. Le Capital,* livre I, section VI, chap. 17, *op. cit.,* p. 601.

Ricardo, qui est lui aussi (pour d'autres raisons, certes) un travail abstrait de toute détermination historique.

Finalement, la grandeur de Hegel est d'avoir posé la nécessité eidétique de l'extériorisation, donc du moment de l'objectivation (c'est la grandeur de la dialectique) ; mais l'erreur tout aussi grande qui a été la sienne est de n'avoir saisi ce processus *que* du point de vue du « travail en général », lequel n'a de *réalité* que dans le mode de production capitaliste où il signifie proprement, pour le travailleur devenu – par obligation – simple « force de travail », le devenir-étranger du processus de *son* travail et de *ses* objets, bref : *l'aliénation*. De ce point de vue, celui de Marx et non certes de Hegel, l'*Entäusserung* de l'homme « se sachant lui-même » dans son autre ne peut constituer une libération de la conscience (et, partant, de l'homme) que si l'on adopte une position théorique perpétuant *in nuce* l'aliénation éternitaire des économistes qui ne glorifient le travail tout court et sa « valeur » que pour mieux taire les conditions aliénantes de la production, et donc d'un certain type de travail, dans une certaine société [1].

La radicalité de la critique marxiste dans les *Manuscrits de 1844* ôte aussi une grande part de sa pertinence au sous-titre qui leur a tradition-nellement été donné : « Économie et philosophie ». Marx, en effet, n'écrit pas tantôt en économiste et tantôt en philosophe soucieux d'histoire de la philosophie ; il ne fait ni l'un ni l'autre parce qu'il recherche le lieu même d'où Hegel écrit (qui n'est autre que le « point de vue » de l'économie poli-tique moderne) *et* qu'il reconduit l'économie politique à son fondement philosophique (celui que le second chapitre de *Misère de la philosophie* analysera en détail sous le titre : « La métaphysique de l'économie poli-tique »). C'est par cette double lecture critique que Marx travaille d'ores et déjà à repérer ce que Joseph Roy avait qualifié, dans sa traduction du

---

1. La critique de l'hégélianisme telle que Marx la conçoit, et la tient pour indispensable, doit tenir compte *tout à la fois* de la grandeur et de l'erreur de Hegel. Elle doit donc réaffirmer la positivité de « l'objectivation » (*Vergegenständlichung*) en tant qu' « expression de soi » (*Sebstäusserung*) du producteur dans les objets de sa production *et* refuser d'accréditer comme "naturel" le processus social qui organise l' « aliénation » (*Entäusserung*) des travailleurs auxquels est retirée la possibilité de « s'auto-produire » dans la production maté-rielle d'objets qui ne sont plus les *leurs*, en ce sens que ces travailleurs ne peuvent plus s'y objectiver et qu'ils deviennent ainsi *gegenstandlos*, « sans objet » et, par là, *déréalisés*. F. Fischbach fait de très utiles mises au point sur ces points centraux, ainsi que sur ses choix de traduction et sur la position interprétative qu'ils impliquent, dans sa « Présentation » à sa trad. fr. des *M. E-Ph. 1844*, p. 13-26 et 46-62.

Capital et de sa Postface, du même terme de «quiproquo» : le quiproquo de Hegel, Smith et Ricardo [1].

1. *Cf.* la trad. fr. par J. Roy de la Postface à la 2e éd. allemande du *Capital :* «Grâce à son quiproquo, Hegel défigure la dialectique par le mysticisme» (*Le Capital,* livre I, Paris, G.F.- Flammarion, 1969, p. 584) ; ainsi que la section VI du livre I : «L'économie politique ne parvint jamais à s'apercevoir de ce quiproquo [...], plus elle approfondit l'analyse de la valeur en général, plus la soi-disant valeur du travail l'impliqua dans des contradictions inextri- cables», (p. 387). Le texte original de la 1ère éd. de *Das Kapital* qualifie plus exactement la méthode de l'économie politique de «fourvoiement» (*Verwicklung*) : «*Die Bewusstlosigkeit über diess Resultat ihrer eignen Analyse, die kritiklose Annahme der Kategorien* Werth der Arbeit, natürlicher Preis der Arbeit, *u.s.w. [...] verwickelte, wie man später sehn wird, die klassische politische Ökonomie in unauflösbare Wirren und Widersprüche*» (MEGA², II, 5, p. 436). La Postface à la 2e éd. allemande du livre I est plus critique encore dans sa détermi- nation de la dialectique hégélienne : «*die Mystifikation, welche die Dialektik in Hegels Händen untergeht* [...]», soit : «la mystification dans laquelle la dialectique, aux mains de Hegel, s'abîme [...]» (J.-P. Lefebvre traduit par : «La mystification que la dialectique subit entre les mains de Hegel», *op. cit.,* p. 17). Les 3e et 4e éditions remplaceront *untergeht* par *erleidet* («endure», «supporte») mais conserveront le terme de *Mystifikation*.

CHAPITRE II

LE PRODUCTEUR ET L'ONTOLOGIE DU SENSIBLE
DANS LES *MANUSCRITS DE 1844*

La lecture des *Manuscrits de 1844* met clairement en évidence l'importance que Marx y attache au concept de « besoin ». Ce point est particulièrement clair dans le passage suivant du troisième manuscrit :

> Nous avons vu quelle signification possède, sous la présupposition du socialisme, la *richesse* des besoins humains et, *par suite*, quelle signification possèdent aussi bien une *nouvelle guise de la production* qu'un nouvel *objet* de la production [1].

Le terme le plus significatif est ici celui que nous avons souligné : *daher*, « par suite ». Il indique que le concept de « richesse des besoins humains » introduit, chez Marx, à la compréhension d'un autre mode de production et également d'un autre objet de la production. Mais cette évidence, si elle n'est pas suspendue un instant pour préciser de quel concept de besoin il s'agit, risque de se heurter à une seconde évidence tout aussi frappante, qui est que les premières lignes du premier chapitre du livre I du *Capital* n'ont d'autre propos que *d'évacuer* le besoin de ce qui va y être en question, c'est-à-dire de la recherche de l'essence de la marchandise : « La marchandise est d'abord un objet extérieur, une chose, qui satisfait, grâce à ses qualités propres, des besoins humains d'une espèce quelconque. La

---

1. K. Marx, *M. E-Ph. 1844,* troisième manuscrit, p. 177 (nous soulignons « par suite »). MEGA², I, 2 : « *Wir haben gesehen, welche Bedeutung unter der Voraussetzung des Socialismus die* Reichheit *der menschlichen Bedürfnisse, und daher sowohl eine* neue Weise der Production *als auch ein neuer* Gegenstand *der Production hat* », p. 418.

nature de ces besoins, qu'ils surgissent dans l'estomac ou dans l'imagination, ne change rien à l'affaire » [1]. Il est donc apparemment entendu que
lorsque Marx va, pour le dire dans les termes de Husserl, « droit à la chose
même (*zur Sache selbst*) », c'est-à-dire lorsqu'il s'engage dans la
recherche de l'essence de la marchandise en suivant le fil du raisonnement
scientifique et non plus celui du discours philosophique – donc, en un mot,
ajouterait Louis Althusser, lorsque la « coupure épistémologique » a eu
lieu –, le concept de besoin devient inessentiel puisque, en vérité, il avait
encore partie liée à l'anthropologie philosophique. Cette inessentialité
montrerait d'elle-même que l'anthropologie des *Manuscrits de 1844* représente bien l'héritage feuerbachien du "jeune Marx", l'héritage, précisément, que les *Thèses sur Feuerbach* renieront [2].

Il s'ensuit – pour peu que l'on considère que le concept de besoin est
l'élément central de la « théorie anthropologique du jeune Marx » [3], et donc
le point nodal d'une « théorie générale des rapports de l'homme avec la
nature et avec l'homme » [4] – qu'on pourra estimer, comme Jacques
Rancière, que, « si l'on n'a jamais affaire [avec les *Manuscrits de 1844*]
qu'à une histoire de l'essence humaine, il n'est pas possible de constituer
des *objectivités scientifiques* qui donneraient lieu à des *discours scientifiques* spécifiques. En effet c'est toujours la même histoire que l'on doit
reconnaître partout. C'est partout l'essence humaine qui est exprimée » [5] ;
ce qui expliquera que le début du *Capital* évacue la question de la nature et
de la satisfaction des besoins. Dans ces conditions, les textes de Marx

1. K. Marx, *Le Capital*, livre I, section I, chap. 1, trad. fr. J.-P. Lefebvre *et alii*, *op. cit.*,
p. 39 (toutes les références ultérieures renverront à cette traduction) ; *cf. Das Kapital. Kritik
der politischen Ökonomie. Erster Band. Hamburg 1867*, in *Marx – Engels Gesamtausgabe*
(MEGA²), zweite Abteilung, Bd. 5, Berlin, Dietz Vg., 1983, p. 17 : « *Die Waare ist zunächst
ein aüsserer Gegenstand, ein Ding, das durch seine Eigenschaften menschliche Bedürfnisse
irgend einer Art befriedigt. Die Natur dieser Bedürfnisse, ob sie z. B. dem Magen oder der
Phantasie entspringen, ändert nichts an der Sache* ». Ce texte de référence pour la 1ère éd. de
1867 de *Das Kapital* sera désormais noté : MEGA², II, 5.

2. Cette interprétation est encore reprise sur le fond par J. Salem dans son Introduction à la
trad. fr. des *Manuscrits de 1844* par J.-P. Gougeon, Paris, G.-F. Flammarion, 1996, p. 7-47.

3. J. Rancière : « Le concept de critique et la critique de l'économie politique des
Manuscrits de 1844 au *Capital* », *in* L. Althusser *et alii*, *Lire Le Capital*, t. I, Paris, Maspéro,
1965, p. 122.

4. *Ibid.*

5. *Ibid.*, p. 121. Cette lecture des *Manuscrits de 1844* a été critiquée par G. Granel,
« *Incipit Marx* », in *Traditionis traditio*, Paris, Gallimard, 1972, voir en particulier p. 184-186
et p. 209 : « Note sur la question de la coupure ».

témoigneraient eux-mêmes en faveur de la thèse althussérienne de la coupure...

Mais il n'en reste pas moins possible (et même, selon nous, nécessaire) de montrer que les « besoins humains » que peuvent satisfaire les marchandises, ceux qu'écarte par principe *Le Capital*, ne sont en rien comparables au « riche besoin *humain* (*das reiche* menschliche *Bedürfniss* » [1] analysé dans les *Manuscrits de 1844* – de même que la « richesse des sociétés » d'Adam Smith [2] n'est pas comparable à « l'*homme riche* (*der* reiche Mensch) » des *Manuscrits* [3] –, et que, si les premiers n'ont rien à voir avec ce qui est en question dans *Le Capital*, c'est précisément parce que le second, « le riche besoin *humain* », est toujours à la base de l'ontologie de Marx en 1867. Il reste donc possible, et même nécessaire, de montrer que l'anthropologie de 1844 ne représente pas « le discours idéologique du jeune Marx » [4]. Mais avant d'établir la continuité de l'ontologie de Marx dans toute son œuvre, aussi bien – insistons-y dès maintenant – quant à *l'horizon* qui s'ouvre en 1844, que quant à la *limite* qui déjà l'enserre, il est nécessaire de mieux dégager les fondements de cette ontologie en analysant cette « richesse des besoins humains » qui demeure en grande part énigmatique.

FEUERBACH ET LE PENSEUR LIBÉRÉ DU BESOIN

L'hommage du jeune Marx à Ludwig Feuerbach est resté célèbre, c'est l'hommage à une révolution silencieuse (*geräuschlos*) : « Moins il est bruyant, et plus sûr, plus profond, plus ample et plus durable est l'effet des écrits de *Feuerbach*, les seuls écrits qui – depuis la Phénoménologie et la Logique de Hegel – contiennent une véritable révolution théorique » [5]. Il

---

1. K. Marx, *M. E-Ph. 1844, op. cit.,* p. 154 ; MEGA², I, 2, p. 397.

2. A. Smith, *An Inquiry into the Causes of the Wealth of Nations* (1776). Ce sont aussi, *apparemment*, les premiers mots du livre I du *Capital* : « *der Reichtum der Gesellschaften...* ») ; mais, comme nous y insisterons bientôt, il y a une différence de taille entre les deux textes, qui est que Marx *complète* sa phrase introductive par « ... *in welchen kapitalistische Produktionsweise herrscht, etc.* ». Il n'est donc pas question pour lui d'aborder de manière *anhistorique* (et donc de construire abstraitement) une soi-disant « richesse des nations » qui vaudrait de tout temps ; cf. *Das Kapital, in* MEGA², II, 5, p. 17, et *infra* notre chap. III.

3. K. Marx, *M. E-Ph. 1844,* p. 154 ; MEGA² I, 2, p. 397.

4. J. Rancière, « Le concept de critique... », *op. cit.,* p. 121.

5. K. Marx, *M. E-Ph. 1844,* Préface, p. 76. MEGA², I, 2, p. 326 : « *Je geraüschloser, desto sicher, tiefer, umfangreicher und nachhaltiger ist die Wirkung der* **Feuerbachischen**

est donc tout à fait certain qu'il y a bien eu une influence profonde de Feuerbach sur Marx, et – comme l'indique également la citation précédente – une influence de Hegel sur Marx. Mais ni Hegel ni Feuerbach *n'anticipent* pour autant sa pensée ; c'est du moins ce qui a été montré au chapitre précédent pour ce qui concerne l'héritage hégélien, et c'est ce qu'il convient de montrer à présent au sujet de Feuerbach.

La contribution de Feuerbach à la critique de Hegel peut se résumer en cette proposition : Hegel est « le penseur libéré du besoin » [1]. C'est dire qu'il a toujours déjà rompu avec le domaine du sensible, qu'il commence immédiatement par cette rupture avec l'être-sensible, donc par la pensée, même s'il pose au départ cette pensée comme une première abstraction à dépasser. Dès lors, toute exposition par Hegel de sa philosophie est d'emblée en elle-même une ruse de la raison qui « pense déjà dans *la présupposition* de l'idée le contraire à partir duquel elle doit s'engendrer » [2]. Hegel donc, commençant immédiatement par la pensée abstraite, n'a jamais eu *besoin* de commencer réellement ; il ne s'est jamais heurté au premier problème de la pensée, qui est de devoir rendre compte de son autre, du sensible même, de tel être déterminé sensible. C'est par là que la philosophie hégélienne surmonte « l'incommodité » de son commencement [3] – qui est de ne « pouvoir présupposer ses objets comme accordés immédiatement par la représentation, ainsi que la *méthode* de la connaissance » [4] – en se concevant elle-même « comme un cercle revenant en lui-même, qui n'a aucun commencement au sens des autres sciences, de telle sorte que le commencement est seulement une relation au sujet, en tant que celui-ci veut se décider à philosopher, mais non à la science comme telle » [5]. Autant dire que la fin de la philosophie, sa finalité aussi bien que son entière satisfaction, présuppose, comme le remarque Feuerbach, que

Schriften, die einzigen Schriften – seit Hegels Phänomenologie und Logik – worin eine wirkliche theoretische Revolution enthalten ist». L'hommage à la « hauteur de la performance » et à la « simplicité discrète » de l'œuvre de Feuerbach est repris dans le troisième manuscrit, *cf. M. E-Ph. 1844*, p. 158 (MEGA^2, I, 2, p. 400).

1. L. Feuerbach, *Contribution à la critique de la philosophie de Hegel* (1839), in *Manifestes philosophiques*, trad. fr. L. Althusser, Paris, P.U.F., 1960^1, 1973, p. 35.

2. *Ibid.*, p. 34.

3. G. W. F. Hegel, *Encyclopédie des sciences philosophiques, I. Science de la logique*, trad. fr. B. Bourgeois, Paris, Vrin, 1970, Introduction de l'éd. de 1817, § 2, p. 154 : « Le *commencement* de la *philosophie* possède […] l'incommodité (*das Unbequeme*) consistant en ce que l'ob-jet (*Gegenstand*) de celle-ci est d'emblée exposé nécessairement au doute et à la controverse [*i.e. :* suivant sa teneur et sa forme] ».

4. *Ibid.*, § 1, Introduction de 1827-1830, p. 163.

5. *Ibid.*, § 17, Introduction de 1830, p. 183.

Hegel pense déjà à partir de l'Idée (ou à partir de la médiation à venir) l'immédiateté donnée [1], donc que l'Autre de l'Idée (la manifestation du sensible) est déjà pris comme du Même (du pur représentable).

Significativement, dès le début de la *Logique*, l'être est nommé « l'immédiat, l'indéterminé, l'égal à soi-même, l'indifférencié » [2]; dès lors on ne comprend guère comment cet être indéterminé qui est et reste ce qu'il est, pourrait, complémentairement au néant, engendrer le devenir et entrer dans des déterminations concrètes. Certes, comme le note Marcuse, l'être est essentiellement mobilité et c'est l'entendement seul qui le fige arbitrairement dans l'indéterminé, mais cette objection est, elle aussi, une ruse de la raison hégélienne. En effet, ainsi que Sartre l'a fort justement pointé, « si le dépassement vers l'essence constitue le caractère premier de l'être et si l'entendement se borne à "déterminer et à persévérer dans les déterminations", on ne voit pas comment, précisément, il ne détermine pas l'être comme "consistant à manifester" » [3]. Cette détermination conduirait nécessairement à commencer par ce que Feuerbach nomme « le vrai commencement » [4] : l'étant sensible.

Il n'y a donc d'être que de ceci que voici (du *tode ti* aristotélicien) et c'est abstraire que de rompre immédiatement avec cette manifestation première. C'est que « l'être fait un avec la chose qui est [et] ne souffre pas qu'on le mette à part pour lui-même » [5], sous peine de reverser dans le néant. En commençant par l'être abstrait et indéterminé, la logique hégélienne commence donc *ex nihilo*, elle commence par la théologie : « seul l'être pensant est l'être divin ; car seul un être *sensible* a besoin pour exister des choses extérieures à lui. J'ai besoin d'air pour respirer, d'eau pour boire [...]. L'être qui respire se rapporte nécessairement à un être extérieur à lui : son objet essentiel qui le fait *ce qu'il est*, est *extérieur à lui* » [6]. L'homme est par essence un existant sensible et, de même que la

---

1. *Cf.* Introduction de 1817, § 3 et Introduction de 1827-1830, § 7 à 9, p. 154 et p. 170-174.

2. Ou encore, dans la *Propédeutique philosophique* : « l'être est la simple immédiateté dépourvue de contenu, qui a son contraire dans le pur *néant*, l'union des deux étant le *devenir* », *op. cit.*, p. 87.

3. J.-P. Sartre, *L'être et le néant*, Première partie, chap. I, 3 : « La conception dialectique du néant », Paris, Gallimard (1943), 1976, p. 48.

4. L. Feuerbach, *Contribution...*, *op. cit.*, p. 30 : « Pourquoi ne commence-t-on pas par le vrai commencement ? » ; *cf.* également les *Principes de la philosophie de l'avenir*, (1843), in *Manifestes...*, *op. cit.*, p. 183.

5. *Ibid.*, p. 32.

6. L. Feuerbach, *Principes de la philosophie de l'avenir*, *op. cit.*, p. 131.

théologie aliène cette essence de l'homme en Dieu, de même la « théologie spéculative » de Hegel l'aliène dans l'Idée [1].

Telle est la révolution théorique réelle de Feuerbach, celle qui impose à la pensée le vrai sérieux, le vrai travail : il faut se résoudre à admettre qu'il n'y a pas d'abord l'être abstrait de l'homme-en-général (pas plus que d'être-en-général), puis l'opposition de son essence au monde sensible, et enfin la suppression-conservation (*Aufhebung*) de l'opposition. Ce qu'il y a tout d'abord – et c'est là le « vrai commencement » –, c'est la finitude d'un mode d'être homme-sensible, qui a nom, chez Feuerbach, « l'être nécessiteux » [2] ou l'être besogneux.

On notera cependant que le langage de Feuerbach reste dans une certaine mesure pris dans l'évidence qu'il tente d'inquiéter. Lorsqu'il écrit en effet « L'être qui respire se *rapporte nécessairement* à un être extérieur à lui », il doit souligner la nécessité de ce rapport parce que justement le concept de rapport trahirait totalement sa pensée si, seul et sans l'accent porté sur « nécessairement », il ne devait signifier que la mise en relation seconde d'un « être qui respire » (déjà donné comme tel) et de son objet essentiel (également déjà là). Or c'est précisément *l'inverse* que Feuerbach veut établir, à savoir que l'objet air n'est « essentiel » que parce qu'il est l'objectivation de l'essence de l'être qui respire, et qu'avant cette objectivation (mais cet avant ne signifie rien en fait) l'être qui respire n'est *rien* – pas même potentiellement, ou en puissance, ou abstraitement. Le « rapport essentiel » de l'être qui respire à l'air, son objet essentiel, n'est donc pas le simple besoin ontique d'air, mais il est l'essence même de la respiration, laquelle ne se découvre telle qu'elle est que dans l'expérience d'une conspiration : accueil et échange du respirer (qui en lui-même n'est qu'un infinitif et qui ne se termine, ne s'achève, que dans un « je respire », dans une « auto-limitation » [3] caractéristique de tout ce qui est) et de son objet essentiel, l'air. Dans cet échange et cet accueil, c'est un mode d'être principiellement ouvert au besoin d'air qui s'avère, c'est un mode de la sensibilité humaine qui se dévoile.

Respirer n'est donc pas un simple état de fait ontique, mais une ouverture ontologique de l'homme sensible – ce que le concept de « rapport

1. *Cf.* la première des *Thèses provisoires pour la réforme de la philosophie* (1842) : « Le secret de la *théologie* est *l'anthropologie*, le secret de la *philosophie spéculative* est la *théologie* », in *Manifestes...*, *op. cit.*, § 1, p. 104.
2. L. Feuerbach, *Thèses provisoires...*, *op. cit.*, § 43, p. 115
3. *Cf.* L. Feuerbach, « le Dieu Terme se dresse en gardien à l'entrée du monde. Auto-limitation : telle est la condition d'entrée. Rien ne se réalise sans se réaliser comme un être déterminé », in *Contribution...*, *op. cit.*, p. 15.

essentiel » dit et masque en même temps si l'on y entend encore l'écho de la notion usuelle de rapport comme mise en relation de deux entités préexistantes (le sujet et l'objet). Inversement, lorsque Hegel écrivait : « *envisagé selon le moment de l'irritabilité*, absolument parlant, l'organisme est *en relation avec* sa nature inorganique » [1], et définissait ainsi le besoin sensible, il admettait bien comme caractéristique du « moment de l'irritabilité » – c'est-à-dire du moment corporel – l'évidence d'une relation entre la nature et le corps, la nature devenant par là, pour le corps, *sa* nature. Dès lors, la détermination hégélienne du besoin sensible demeurait purement ontique et appelait nécessairement sa *Aufhebung* par le véritable besoin, autrement dit par le « besoin de la philosophie ». Aussi n'est-il pas étonnant que Hegel ne voie qu'anarchie dans la sphère des besoins au sein de la société civile, puisque dans sa philosophie le concept *ontologique* de besoin est écarté dès le début – c'est le tribut que doit payer le « coup de force » [2] hégélien –, et puisqu'il ne l'est que pour être repris ensuite dans la sphère de l'État.

L'effet « profond, ample et durable » de Feuerbach consiste en ce qu'il a tenté de donner au concept de besoin une portée ontologique immédiate et qu'il a assigné ainsi pour tâche à la philosophie de travailler au cœur de la tradition métaphysique, avec son langage, à laisser advenir le sens de l'humanité que ce langage et cette tradition ont masqué. Les *Manuscrits de 1844* effectuent précisément ce travail du texte, à la suite de Feuerbach, dans la plus fidèle reprise *et* dans la critique la plus décidée. Si Feuerbach représente bien en effet pour Marx une « véritable révolution *théorique* » [3], la reprise de son coup d'envoi ne peut qu'être double : d'une part, la reprise de la tâche assignée par Feuerbach à la « philosophie de l'avenir » et, d'autre part, la critique de cette révolution qui n'est *que* théorique. Mais, si la vraie reprise questionnante d'une pensée consiste à la reprendre là où elle a soutenu un instant tous ses possibles, et non dans l'inconditionnelle fidélité à son corpus théorique, alors les deux tâches n'en font qu'une et il n'y en a pas d'autre.

1. G. W. F. Hegel, *Propédeutique philosophique*, *op. cit.*, p. 154-155 (nous soulignons).
2. *Cf.* L. Feuerbach : « Je ne pénètre donc dans la "Logique" [...] que par un coup de force, par un acte transcendant, une rupture immédiate avec l'intuition réelle », in *Contribution...*, *op. cit.*, p. 36.
3. K. Marx, *M. E-Ph. 1844*, Préface, p. 76 (nous soulignons).

L'ONTOLOGIE DU SENSIBLE DES *MANUSCRITS DE 1844*

Ce qui vient d'être établi de la reprise critique de Feuerbach dans les *Manuscrits* conduit à écarter l'interprétation althussérienne de Marx. Nous avons dit que Louis Althusser trouvait dans ces *Manuscrits* l'attestation de « l'idéalisme des premiers textes, plus proche de Kant et Fichte que de Hegel ; l'anthropologie de Feuerbach modifiée, amplifiée par cette rencontre elle-même [...], *encore une philosophie* » s'articulant autour du « concept-clé de *travail aliéné* » [1]. Or, comme chez Althusser le concept d'aliénation signifie strictement ce qu'il signifie chez Feuerbach – à savoir l'extériorisation, la fixation hors de l'homme de son essence, l'inversion d'un « rapport essentiel » en une dépendance du sujet créateur envers l'objet créé –, on ne voit pas, de fait, comment, sans une coupure épistémologique et un saut hors philosophie, Marx aurait pu produire dans le *Capital* « le concept-clé de mode de production » et s'engager dans une « immense révolution théorique » en recherchant (sans réussir toutefois, selon Althusser, à en fournir le concept achevé) le mode d'efficace de « la causalité structurale elle-même » [2].

Mais qu'est-ce exactement qu'un concept-clé ? Ce ne peut certes pas être simplement un concept qui s'impose par sa fréquence ; ce doit être un concept qui ouvre à la pensée de nouveaux possibles, et c'est bien ainsi sans aucun doute que Louis Althusser comprend la succession des concepts-clé dans l'œuvre de Marx. Pourtant, n'est-ce pas plutôt l'horizon ontologique d'une pensée qui lui ouvre *d'abord* la possibilité de formuler tout nouveau concept, ou la possibilité d'une réelle compréhension d'un concept déjà existant mais dont le sens ontologique avait été recouvert ? Isoler des concepts-clé, ce serait alors seulement interpréter la tâche essentielle qu'une pensée s'est donnée comme une simple juxtaposition de périodes ou de buts épars. Aussi ne faut-il pas opposer à Althusser un autre concept-clé (celui de « besoin » par exemple) mais chercher, au contraire, à préciser quelle ontologie supporte *l'ensemble* des trois manuscrits et *tous* les textes ultérieurs de Marx. C'est à l'inverse d'Althusser qu'il faut procéder :

---

1. L. Althusser, *Pour Marx, op. cit.,* p. 158. Kant est convoqué dans ce passage en raison de l'inversion de la fin et des moyens, c'est-à-dire de l'inversion entre la « vie générique » (la fin authentique de l'existence humaine) et la survie dans l'aliénation. Sur ce point, voir J. Rancière, « Le concept de critique… », *op. cit.,* p. 115.

2. L. Althusser, « L'objet du *Capital* », in *Lire Le Capital,* t. II, Paris, Maspéro, 1965, respectivement p. 148, 161 et 169. Au cours de son analyse L. Althusser repère un autre « concept épistémologique-clé de toute la théorie marxiste de la valeur », celui de *Darstellung* (p. 169).

comprendre avant tout comment Marx interroge l'être de l'homme, donc comprendre comment son texte travaille dans la métaphysique, pour interpréter sur cette base le sens de ses concepts de travail aliéné et de besoin.

Conformément à ce principe de lecture, notre analyse de l'ontologie de 1844 prendra appui sur un texte que nous pourrions dire résolument philosophique. Il s'agit d'un fragment du troisième manuscrit où Marx critique le concept hégélien de subjectivité et la dialectique de la conscience de soi telle qu'elle est développée dans la *Phénoménologie de l'Esprit*[1]. Le propos de cette lecture sera double : montrer tout d'abord que, bien que le concept moderne de sujet soit ici résolument retravaillé, ce texte demeure lui-même en travail, en souffrance, et nous lègue une *question ;* montrer ensuite que cette critique de la subjectivité ne constitue pas simplement une sorte de "versant philosophique" du texte – qui coexisterait avec l'autre versant, l'économie –, mais qu'elle est la ressource même de l'herméneutique des *Manuscrits* et que c'est cette herméneutique, et elle seule, qui conduit à la critique de la propriété privée et du travail aliéné. Lisons donc ce fragment du troisième manuscrit :

> Quand l'*homme* réel, l'homme de chair, se tenant sur la terre ferme et bien ronde, [quand l'homme] qui inspire et expire toutes les forces de la nature, *pose* par son extériorisation ses *forces essentielles* réelles et objectives en tant qu'objets étrangers, ce n'est pas le *poser* qui est sujet ; c'est la subjectivité de forces essentielles *objectives*, dont l'action doit en conséquence être une action *objective*[2].

1. Dans la trad. fr. des *Manuscrits de 1844* par É. Bottigelli, parue aux Éds. Sociales, ce texte se trouve aux p. 129-149. Il correspond aux feuillets [XXII] à [XXXIV] du texte original du troisième Cahier rédigé par Marx ; chronologiquement ce sont donc les dernières feuilles du Cahier 3, dont la rédaction fut abandonnée en ce point. La place à accorder à ces pages dans l'édition de l'ensemble des *Manuscrits* est une question qui divise encore les exégètes. Elle revient à savoir jusqu'à quel point il est légitime de regrouper *en fin de volume* les fragments portant sur Hegel. L'éd. MEGA[1] avait fait, en 1932, ce choix. Il a longtemps prévalu par la suite, accentuant l'impression d'une quasi séparation des analyses économiques, d'un côté, et philosophiques, de l'autre. L'éd. MEGA[2] a judicieusement tempéré ce premier choix en regroupant tous les textes critiques portant sur Hegel juste *après* la critique de Feuerbach (donc à la suite de la p. [XI]) et *avant* les compléments d'économie politique critique des p. [XIV] à [XXI] et [XXXIV] à [XLIII]. Dans sa trad. fr. des *Manuscrits* F. Fischbach suit MEGA[2] et fait le point sur la question, cf. *M. E-Ph. 1844*, « Présentation », p. 7-13. J.-P. Gougeon suit également l'ordre éditorial de MEGA[2], cf. *Marx. Manuscrits de 1844*, trad. fr. J.-P. Gougeon, Introduction J. Salem, Paris, G.F.-Flammarion, 1996.

2. K. Marx, *M. E-Ph. 1844*, p. 165. Texte original : « *Wenn der wirkliche, leibliche, auf der festen wohlgerundeten Erde stehende, alle Naturkräfte aus und einathmende* Mensch *seine wirklichen, gegenständlichen* Wesenskräfte *durch sein Entäusserung als fremde*

Ce qui se joue là entre subjectivité et objectivité est assurément complexe et requiert un commentaire attentif. Lorsque Marx écrit, et souligne que « ce n'est pas le *poser* qui est sujet », il vise clairement la dialectique hégélienne, pour laquelle c'est effectivement par le fait de poser son objet que la conscience théorique se détermine comme une subjectivité qui, premièrement, s'aliène dans l'objectivité avant, deuxiè-mement, de supprimer cette aliénation ou position, par soi, de soi hors de soi [1]. Le sujet *réel*, « l'homme de chair », n'est pas pour Marx une conscience de soi posant par son aliénation la *choséité abstraite* – au demeurant, ainsi qu'il le note, même si on limitait avec Hegel l'extério-risation de soi à la dialectique de la conscience, il n'y aurait dans cette position de la choséité comme conscience de soi extériorisée « rien d'incompréhensible ni de mystérieux » [2] car la choséité, ou le savoir sur la chose, est un produit de l'abstraction qui n'est « rien d'*indépendant*, rien d'*essentiel* par rapport à la conscience de soi » [3].

Ainsi, le sujet campé « sur la terre ferme et bien ronde, [...] c'est la subjectivité de forces essentielles *objectives* » [4], ce qui ne peut que signifier (dans la difficulté d'un bougé des catégories traditionnelles de sujet et

---

Gegenstände setzt, *so ist nicht das* Setzen *Subjekt : es ist die Subjektivität* gegenständlicher *Wesenskräfte, deren Action daher auch eine* gegenständliche *sein muss* », MEGA^2, I, 2, p. 407-408 (la trad. fr. de M. Rubel rend « *die Subjektivität* gegenständlicher *Wesenkräfte* » par : « la subjectivité des énergies matérielles », *in* M. Rubel (éd.), *Œuvres. Économie II*, Paris, Gallimard, 1968, p. 129).

1. *Cf.* G. W. F. Hegel, *Phénoménologie de l'Esprit*, Introduction, *op. cit.*, p. 127 : « Ce mouvement *dialectique* que la conscience pratique à même elle-même, aussi bien à même son savoir qu'à même son ob-jet (*Gegenstand*), *dans la mesure où, pour elle, le nouvel ob-jet vrai en surgit*, est proprement ce que l'on nomme *expérience* ». Et : « le nouvel ob-jet se montre comme devenu moyennant une *conversion de la conscience* elle-même. Une telle considé-ration de la Chose (*Sache*) est notre ajout [= celui du philosophe], [...] et un ajout qui n'est pas pour la conscience que nous considérons », *ibid.*, p. 129. Ou encore, dans la *Propédeutique philosophique* : « elle [la conscience de soi] se produit elle-même à titre d'objet », *op. cit.*, p. 77.

2. K. Marx, *M. E-Ph. 1844*, p. 165 ; MEGA^2, I, 2, p. 407 : « *Es ist nichts Unbegreifliches und Räthselhaftes dabei* ». Selon Marx, l'extériorisation de soi de l'homme réel dans ses objets réels, sa *Selbstäusserung*, est aussi aisée à concevoir que l'extériorisation abstraite de la conscience hégélienne dans la choséité. Mais, autant le point de vue hégélien exige que la seconde extériorisation soit « relevée » (*aufgehoben*) en une nouvelle détermination de la conscience, autant Marx considère que l'homme réel s'auto-produit positivement et fait de sa vie une vie ontologiquement riche dans et par sa *Selbstäusserung* au sein de la production matérielle *lorsque celle-ci n'est pas historiquement aliénée*.

3. *Ibid.*, p. 165 ; MEGA^2, I, 2, p. 407.

4. *Ibid.*, MEGA^2, I, 2, p. 408.

d'objet et de leur différence sur lequel nous aurons à revenir) que l'objectivation de soi n'est pas un moment de l'expérience de la conscience
théorique, pas même un moment dialectique nécessaire, mais que l'*homme
réel*, et non la conscience, n'*est* qu'en tant que subjectivité objective ;
autrement dit, que l'homme concret se saisit lui-même comme subjectivité
dans l'ouverture absolument initiale aux objets de son activité. Ce serait
inconcevable, ajoute Marx « si le caractère objectif n'appartenait pas à [l]a
détermination essentielle » de l'homme réel, et s'il n'était « originairement
Nature » [1]. Il s'ensuit que l'action d'un tel homme n'est jamais la simple
effectuation d'une possibilité de sa pure subjectivité, cette effectuation fût-
elle nécessaire pour qu'il advienne à lui-même, car l'homme ne crée que
parce qu'il est posé lui-même par des objets, que parce que l'histoire est
nature, et réciproquement. On a donc affaire, avec ces textes, à un concept
d'origine de la subjectivité résolument équivoque qui met au rouet la
pensée qui tente d'y trouver une première fois : l'homme posant des objets
parce qu'il est posé par eux, cela semble ne rien vouloir dire, du moins
clairement, et ce n'est pas sans évoquer quelque cercle logique...

Peut-être progressera-t-on dans la compréhension du texte en
concevant cette position réciproque de la subjectivité et de ses objets, non
comme le simple rapport unissant une cause et son effet (car où est la cause
et où est l'effet ?), mais comme une co-advenue dans l'élément d'une
présence réciproque ainsi seulement pensable. Le nom de cet élément sera
« Nature », mais il s'agira d'un concept non immédiat de la nature, d'une
nature qui ne sera pas une donnée ontique, ou du moins pas seulement, s'il
est vrai que « l'homme [est] un être de chair, une force naturelle, un être
vivant, réel, sensible, objectif, [et que] cela signifie qu'il a des *objets réels*
et *sensibles* pour objet de son être et de l'expression de sa vie (wirkliche,
sinnliche Gegenstände *zum Gegenstand seines Leben, seiner Lebensäusserung*) » [2]. Poser que l'homme est un « être naturel » c'est reconnaître
qu'il manifeste nécessairement sa corporéité (il est « *ein lebendiges Naturwesen* ») et sa puissance naturelle (il déploie ses « *natürlichen Kräften* » [3]).
Nature serait alors le nom de l'ouverture principielle au sein de laquelle
l'homme respirant con-spire avec l'air, et où, plus généralement, l'homme
en tant que « subjectivité *objective* » est d'emblée pour l'autre homme son
objet – donc, où l'homme est d'emblée social : « *Être* objectif, naturel,

1. *Ibid.*, p. 165 et 166 ; MEGA², I, 2, p. 408 : « *wenn nicht das Gegenständliche in seiner
Wesensbestimmung läge [...], weil [er] von Haus als* Natur *ist* ».
2. K. Marx, *M. E-Ph. 1844*, p. 166 ; MEGA², I, 2, p. 408.
3. *Ibid.*

sensible, et aussi bien, avoir en dehors de soi objet, nature, réalité sensible, ou bien, être soi-même objet, nature, réalité sensible *pour un tiers :* tout cela signifie la même chose » [1]. Cependant, une telle sociabilité naturelle de l'homme en tant qu'être naturel vivant n'est pas encore la sociabilité proprement humaine, de même que soutenir que « la *faim* est un *besoin* naturel, [et qu']elle nécessite donc l'existence d'une *nature* en dehors de soi, d'un *objet* en dehors de soi pour se satisfaire et s'apaiser » [2] ce n'est pas encore définir la faim *humaine*. C'est pourquoi Marx ajoute : « Mais l'homme n'est pas seulement un être naturel, il est un être naturel *humain* (menschliches *Naturwesen*) ; c'est-à-dire un être qui est pour lui-même, donc un *être générique* (Gattungswesen), et il lui faut se confirmer et s'activer (*betätigen*) en tant que tel aussi bien dans son être que dans son savoir » [3].

Nous reviendrons sur l'analyse de la spécificité humaine au sein du vivant, telle que Marx la conçoit. Retenons pour l'instant que l'homme, en tant que vivant spécifique, est celui qui pratique et qui pense – comme la citation précédente invite à le lire : « dans son être [sensible] et dans son savoir » – le genre comme tel. S'il en est ainsi, on devra dire, par exemple, de la faim humaine qu'elle n'est pas simplement un « besoin naturel » et que pour la calmer il lui faut une nature, un objet en dehors d'elle, car ceci ne caractérise encore que la faim animale – celle à laquelle, finalement, Hegel cantonnait l'homme lorsqu'il évoquait « le moment de l'irritabilité » corporelle. La faim humaine, en tant que besoin naturel *humain*, n'est telle que parce que la faim apaisée, calmée et satisfaite, n'est possible, pour l'homme et pour lui seul, que dans la dimension apriorique toujours présente d'un "avoir faim" qu'aucune nourriture ne pourra(it) jamais combler. Pour l'homme en effet, ne plus chercher de nourriture parce que sa faim est apaisée, c'est encore exister dans la dimension de ce qu'on pourrait se risquer à nommer une faim "ontologique". Aussi faudrait-il pouvoir dire que l'homme n'*a* pas faim ou soif par instants, mais qu'il *est* ontologiquement mangeant, buvant, etc., comme on dit qu'il est voyant, c'est-à-dire ouvert au monde selon la dimension du voir, même lorsqu'il a les yeux clos ou qu'il se trouve dans le noir et n'*y* voit rien.

La faim humaine est par conséquent autre chose encore, ou quelque chose de plus que ce que ce texte de Marx en dit ultimement, à savoir : « le

---

1. K. Marx, *M. E-Ph. 1844*, p. 166 ; MEGA², I, 2, p. 408 : « *Gegenständlich, natürlich, sinnlich* sein *und sowohl Gegenstand, Natur, Sinn ausser sich haben oder selbst Gegenstand, Natur, Sinn für ein Drittes sein ist identisch* » (nous soulignons « pour un tiers »).

2. *Ibid.*

3. *Ibid.*, p. 167 ; MEGA², I, 2, p. 409.

besoin avoué que mon corps propre a d'un *objet* existant en dehors de lui, d'un *objet* qui est indispensable à son intégrité et à l'expression de son essence» [1]. Sur ce cas précis, le texte du troisième manuscrit semble bien confondre l'homme et le vivant en général [2]. En fait, il faudrait aller jusqu'à dire – avec Marx mais aussi *au-delà* de son texte – que la faim humaine est certes une manifestation de l'être naturel de l'homme, mais qu'elle *n'est pas* un désir de complétude ou d'«intégrité (*Integrierung*)», puisque son contraire, son apaisement, témoigne encore de «l'être générique», incomblable comme tel, de l'homme. Une certaine générosité de la lecture ou, à tout le moins, une attention aux déplacements conceptuels difficilement opérés par Marx dans ces trois pages, est donc nécessaire pour concevoir en quel sens, et dans quelle intention peut-être inaccomplie, il a pu écrire que «la nature n'est ni objectivement, ni subjectivement présente de façon immédiatement adéquate à l'être *humain*» [3], pourquoi aussi, selon lui, «le naturalisme mené à son terme ou l'humanisme se distingue aussi bien de l'idéalisme que du matérialisme» tout en étant la vérité qui les unit, et pourquoi, enfin, seul ce naturalisme-là «est capable de comprendre l'acte de l'histoire mondiale (*den Akt der Weltgeschichte zu begreifen*)» [4].

Quoi qu'il en soit, nous ne sommes pas encore en mesure de commenter réellement ces thèses car nous n'avons pas spécifié jusqu'ici la spécificité de l'homme au sein des êtres naturels. Tout au plus commençons-nous à entrevoir pourquoi une lecture attentive de ces pages est indispensable : non pour sauver à tout prix Marx contre lui-même, mais pour ne pas occulter les questions qu'il nous a léguées et qui demandent à être reprises. Il est certes facile de rabattre le «naturalisme mené à son terme» [5] sur le plus plat naturalisme, ou de qualifier ce texte étrange d'écrit de jeunesse [6],

1. *Ibid.*, p. 166 ; MEGA², I, 2, p. 408 : «*Der Hunger ist das gestandne Bedürfniss meines Leibes nach einem ausser ihm seienden, zu seiner Integrirung und Wesenäusserung unentbehrlichen* Gegenstand».
2. Notons cependant que ce passage prend place dans le premier moment du commentaire critique de Hegel. Ce premier moment établit l'appartenance de l'homme, en son être, à la Nature. Le second moment précisera la différence spécifique de l'homme au sein du vivant. D'où, peut-être, la situation équivoque de la phrase que nous venons de citer (phrase qui, en faisant référence à «mon corps», désigne bien le corps *humain*).
3. *Ibid.*, p. 167 ; MEGA², I, 2, p. 409.
4. *Ibid.*, p. 166 ; MEGA², I, 2, p. 408.
5. Ou, dans la trad. fr. d'É. Bottigelli, «le naturalisme conséquent, ou humanisme», *op. cit.*, p. 136.
6. La formule la plus catégorique étant celle de K. Papaioannou dans son «Introduction» à la *Critique de l'État hégélien (Manuscrit de 1843)* : «Lorsque Marx écrivait ces lignes, il n'était pas encore "marxiste"», (*op. cit.*, p. 46).

mais on se détourne alors définitivement sur ce qui est l'essentiel – qui est que Marx manque dans ces textes d'un concept suffisant de la nature et de la sensibilité et qu'il tente de porter ce manque jusqu'au concept. Certes, nommer cette émergence difficile d'un autre concept de la nature et de la sensibilité un concept "ontologique", ce serait aller trop vite en besogne si l'on entendait par là une réponse assurée ; mais si ce terme entend seulement nommer la *question* que Marx nous lègue dans le bougé de son texte au coeur de la tradition philosophique, alors on peut l'avancer.

Ces premières analyses de l'enjeu de la critique de la subjectivité nous permettent d'aborder à présent le problème du « genre » comme tel : de quel « objet humain » Marx parle-t-il dans les passages que nous venons de citer, et plus précisément lorsqu'il affirme, dans un passage crucial que nous n'avons cité jusqu'ici que partiellement :

> Que l'homme soit un être de chair, une force naturelle, un être vivant, réel, sensible, objectif, cela signifie qu'il a des *objets réels* et *sensibles* pour objet de son être et de l'expression de sa vie (*seiner Lebensäusserung*), ou bien qu'il ne peut *exprimer* (äussern) sa vie qu'à même des objets réels et sensibles [1].

On pense trop vite qu'il s'agit dans ces lignes de la pratique des objets dits "réels", ceux de l'usage, et l'on songe alors à opposer cette pratique à la

---

1. K. Marx, *M. E-Ph. 1844*, p. 166 ; MEGA[2], I, 2, p. 408 : « *Dass der Mensch ein leibliches, naturkräftiges, lebendiges, wirkliches, sinnliches gegenständliches Wesen ist, heisst, dass er* wirkliche, sinnliche Gegenstände *zum Gegenstand seines Wesens, seiner Lebensäusserung hat oder dass er nur an wirklichen sinnlichen Gegenständen sein Leben* äussern *kann* ». S'agissant de termes aussi cruciaux que *äussern* et *Äusserung*, il importe d'écarter la traduction proposée par É. Bottigelli. Nous suivons la suggestion de F. Fischbach, qui choisit de rendre ces deux termes par « exprimer » et « expression » au lieu de « manifester » et « manifestation » (termes retenus par É. Bottigelli et par la majorité des traducteurs). Comme F. Fischbach l'explique dans la Présentation de sa trad. fr. des *Manuscrits de 1884*, pour Marx – qui pense dans ces lignes en hégélien – « il n'y a pas de vie qui ne soit pas nécessairement et en même temps expression (*Äusserung*) d'elle-même. Toute vie, toute réalité vivante, tout être vivant s'exprime comme tel : être vivant et s'exprimer sont pour Marx une seule et même chose. Dans ces conditions, l'*Entäusserung* est une expression (*Äusserung*) qui tourne mal, c'est une expression de soi dans laquelle le vivant ne se retrouve pas. [En revanche] La *Veräusserung* (l'extériorisation) [est] un concept aussi positif pour Marx que le concept de *Vergegenständlichung* (l'objectivation) ou encore que le concept de *Verwirklichung* (réalisation) ; au contraire, l'*Entäusserung* et l'*Entgegenständlichung*, de même que l'*Entwirklichung* (la déréalisation) [sont] des mouvements ou des processus négatifs qui, comme tels, relèvent de l'aliénation (*Entfremdung*) », *M. E-Ph. 1844*, p. 19-20 et p. 21. Comme nous l'avons déjà signalé plus haut, l'ensemble des p. 13-24 fournit de précieuses indications de traduction et d'interprétation.

théorie. Or il n'est pas certain que cette opposition de type feuerbachien [1] entre les projets théoriques et pratiques soit éclairante. Dans le premier des *Manuscrits* Marx écrit en effet :

> L'homme est un être générique, non pas seulement en ce qu'il prend pour objet sien, de façon pratique et théorique, le genre – aussi bien le sien propre que celui des autres choses –, mais aussi – et cela n'est qu'une autre expression pour la même chose – en ce qu'il se rapporte à lui-même comme au genre présent et vivant [2].

C'est ici qu'apparaît explicitement la conjonction des projets humains ou plutôt leur unité originelle au sein de l'ouverture de l'homme à la nature, et c'est ici que s'éclaire aussi parfaitement le concept marxiste d' « objet humain » : *l'objet humain est proprement le genre,* il ne ressortit pas de l'évidence de l'objet intramondain donné mais de son mode d'être générique. L'homme est ainsi, par exemple, le vivant naturel spécifique qui s'ouvre à la sensibilité et à la compréhension du rouge comme tel, au rouge générique, dans sa pratique de tout ce qui est rouge ; à la couleur dans sa pratique de toutes les choses colorées ; au beau dans la rencontre de toutes les beautés sensibles, etc. ; et à lui-même en tant qu'homme social dans tous ses projets laborieux parmi et avec les autres hommes.

Il est vrai qu'Émile Bottigelli, en regard de la phrase « l'homme est un être générique », renvoie le lecteur au concept hégélien de genre et conclut : « Dire que l'homme est un être générique, c'est donc dire que l'homme s'élève au-dessus de son individualité subjective, qu'il reconnaît en lui l'universel objectif et se dépasse ainsi en tant qu'être fini. Autrement dit, il est individuellement le représentant de l'Homme » [3]. Voilà bien la « tentation d'un retour à Hegel » que Louis Althusser avait pointée dans son *Pour Marx* ! Dans cette optique les *Manuscrits de 1844* apparaissent comme un texte déchiré par un double héritage (sans compter avec l'influence de Kant

---

1. *Cf.* L. Feuerbach : « Seul un être sensible a besoin pour exister de *choses* extérieures à lui [...] ; l'être pensant, lui, se rapporte à lui-même : il est son propre objet », in *Principes...,* *op. cit.*, p. 131 (nous soulignons). Ce texte est cité par É. Bottigelli en note aux *Manuscrits de 1844*, p. 137 n. 1. Cette note se rapporte à la phrase de Marx que nous venons de citer : « Que l'homme soit un être de chair, etc. » et vise à accréditer la thèse althussérienne de l'influence « profonde » de Feuerbach sur Marx en 1844.

2. K. Marx, *M. E-Ph. 1844,* premier manuscrit, p. 121 ; MEGA^2, I, 2, p. 368 : « *Der Mensch ist ein Gattungswesen, nicht nur indem er praktisch und theoretisch die Gattung, sowohl seine eigene als die der übrigen Dinge zu seinem Gegenstand macht, sondern – und diess ist nur ein andrer Ausdruck für dieselbe Sache – sondern auch indem er sich zu sich selbst als der gegenwärtigen, lebendigen Gattung verhält* ».

3. É. Bottigelli, note à sa traduction des *Manuscrits de 1844, op. cit.*, p. 61 n. 1.

et Fichte), comme un texte pris entre matérialisme et idéalisme. Mais où lit-on réellement, dans le texte de Marx lui-même, que l'homme « se dépasse en tant qu'être fini [pour être] le représentant de l'Homme » ? Si l'on suppose un tel dépassement vers l'universel (vers l'Homme), c'est-à-dire une *Aufhebung* de type hégélien, c'est en fait pour n'avoir pas vu que, tout en demeurant pensé comme étant essentiellement un « être naturel » fini et sensible, l'homme réel concret est conçu par Marx comme se comportant vis-à-vis de lui-même comme vis-à-vis de son *genre*, et comme pratiquant aussi les étants sensibles *selon leur genre*. Cette spécificité de « l'être naturel humain » n'est pas immédiatement superposable à une *Aufhebung* par la raison ; elle lui est même totalement étrangère puisque Marx prend soin de préciser que l'homme « prend pour objet sien, de façon pratique et théorique, le genre » [1], et qu'il se comporte de cette façon « aussi bien dans son être que dans son savoir » [2]. Tel est donc le mode d'être spécifiquement humain, qui ne laisse en dehors de lui ni l'activité sensible ni la théorie et que Marx nomme très précisément, dans le premier des *Manuscrits*, la vie générique : « la vie productive est la vie générique. Elle est la vie qui engendre la vie. C'est dans la forme de l'activité vitale que repose le caractère entier d'une espèce, son caractère générique, et *l'activité consciente et libre est le caractère générique de l'homme* » [3].

Ce caractère générique de la totalité de vie humaine, sous ses aspects pratique et théorique, n'implique aucune négation de l'être-de-la-nature de l'homme ; il confirme au contraire que l'ontologie des *Manuscrits de 1844* est bien une ontologie du sensible, et même une ontologie de la finitude de la sensibilité humaine, pour autant que l'ouverture au genre universalise la sensibilité de l'homme – autrement dit, lui donne forme d'univers, de tout, et donc l'achève absolument. Il n'est dès lors pas possible de conclure, comme le fait Michel Henry, qu'il s'agit là d'une « philosophie qui, tout en prétendant s'en tenir à [des] présuppositions "matérielles", inclut *subrepticement* en elles la sensibilité transcendantale » [4]. Cette interprétation est à écarter pour la simple raison que le concept d'objet des *Manuscrits n'*est *pas* un présupposé « matériel », une donnée immédiate de la pratique ou de

1. K. Marx, *M. E-Ph. 1844,* premier manuscrit, p. 121 ; MEGA[2], I, 2, p. 368.
2. *Ibid.,* troisième manuscrit, p. 167 ; MEGA[2], I, 2, p. 409.
3. *Ibid.,* premier manuscrit, p. 122 (nous soulignons) ; MEGA[2], I, 2, p. 369 : « *Das produktive Leben ist aber das Gattungsleben. Es ist das Leben erzeugende Leben. In der Art der Lebensthätigkeit liegt der ganze Charakter einer species, ihr Gattungscharakter, und die freie bewusste Thätigkeit ist der Gattungscharakter des Menschen* ». En ce point se conjuguent donc la production (*Produktion*) et la génération (*Erzeugen*).
4. M. Henry, *Marx, op. cit.,* t. I, p. 292-293 (nous soulignons).

la conscience théorique. Si « l'objet humain » est le genre comme tel et si être immédiatement de la nature signifie bien l'ouverture apriorique de l'homme sensible au genre, il faut conclure que Marx tente explicitement, et non « subrepticement », de déplacer conjointement et le matérialisme et l'idéalisme transcendantal. Il est dès lors clair que l'ontologie de 1844 n'implique aucune opposition de l'essence de l'homme à la nature, et pas davantage un dépassement de type hégélien de cette opposition, mais que l'homme y est conçu comme ontologiquement besogneux pour autant qu'il *se* projette dans tous ses projets ontiques. Il est néanmoins nécessaire d'insister encore sur le déplacement moins évidemment perceptible du matérialisme de Feuerbach.

La critique du travail aliéné est certes menée dans le premier manuscrit en des termes exemplairement feuerbachiens [1], mais Marx précise clairement que la fin de cette aliénation, ou de cette perte de soi n'est possible « qu'à la condition que l'objet devienne pour [l'homme] objet *social* et que l'homme devienne pour soi être social, ou encore que la société vaille pour lui en tant qu'essence dans cet objet » [2]. En conséquence, la fin de l'aliénation de l'humanité est d'emblée un projet historique et social, puisque l'objet humain n'est pas simplement l'objet avec lequel un sujet individuel retrouve son « rapport essentiel » mais est un « objet *social* ». Aussi faut-il bien souligner que l'homme ne peut se rapporter au genre comme tel *que* s'il se rapporte à lui-même comme genre, donc que si, au sein de sa pratique productive, il s'auto-produit *aussi* (voire surtout) comme homme social. C'est par là seulement que la production et la possession des objets matériels – qui, rappelons-le, ne sont pas d'emblée ce que Marx nomme les « objets humains » – échappent à ce que la tradition philosophique (y compris Feuerbach, rappelle Marx) a toujours connoté péjorativement au regard de la théorie pure [3]. Autant dire que dès 1844 le concept marxiste d'objet humain social n'est déjà plus le concept feuerbachien d'objet de l'intuition et que, en tant qu'affirmation de la vie

---

1. Par exemple : « [l'ouvrier] ne s'affirme donc pas dans son travail, mais s'y nie [...], mais y mortifie son physique et y ruine son esprit. Par suite, le travailleur ne se sent auprès de soi qu'à partir du moment où il est en dehors du travail, tandis que dans le travail il se sent en dehors de soi [...]. Le travail extérieur, le travail dans lequel l'homme s'aliène, est un travail du sacrifice de soi, un travail de mortification. [...] De même que, dans la religion, etc. », *M. E-Ph. 1844*, premier manuscrit, p. 120 et p. 121 ; MEGA², I, 2, p. 367

2. *M. E-Ph. 1844*, troisième manuscrit, p. 150 ; MEGA², I, 2, p. 393.

3. *Cf.* la première des *Thèses sur Feuerbach* (1845) : « [Feuerbach] ne considère, dans *L'essence du christianisme*, que le comportement théorique comme véritablement humain, tandis que la pratique n'est conçue et saisie que dans sa manifestation sordidement judaïque ».

générique, la « production pratique » ne peut être simplement comprise comme production de choses matérielles ni, *a fortiori*, de marchandises : la « pratique » est production d'un « objet *social* », et c'est ce que répèteront les *Thèses* de 1845 [1] et les passages de *L'Idéologie Allemande* qui traiteront de l'historicité essentielle de la nature [2]. Il s'en faut donc de beaucoup que Marx répète Feuerbach dans les *Manuscrits*. L'ontologie qui sous-tend ces textes implique en réalité un double déplacement – de Feuerbach et de Hegel, du matérialisme et de l'idéalisme –, et cela sous l'horizon qui est et restera celui de toute la pensée de Marx : celui de la philosophie de la pratique, que la détermination de l'homme comme « être naturel géné-rique », *c'est-à-dire* social et historique, rend d'ores et déjà possible [3]. Aussi le troisième des *Manuscrits* peut-il préciser : « On voit comment le subjectivisme et l'objectivisme, le spiritualisme et le matérialisme, l'acti-vité et le pâtir ne perdent leur opposition, et en même temps leur existence en tant que de tels opposés, que dans l'état de société ; on voit comment la solution des oppositions *théoriques* n'est elle-même possible *que* d'une façon *pratique* » [4]. Ainsi est donc fixée la « tâche vitale *réelle* (wirkliche *Lebensaufgabe*) » [5] de la philosophie. Comment ne pas y reconnaître la même tâche que celle qu'annonce la onzième des *Thèses*, laquelle n'a sans doute jamais voulu encourager à abandonner la philosophie pour le "concret", mais a plutôt voulu réclamer de la philosophie le courage d'une

---

1. Voir, en particulier, la cinquième Thèse : « Feuerbach, que ne satisfait pas la pensée abstraite, veut l'intuition, mais il ne saisit pas le sensible en tant qu'activité sensible *pratique* de l'homme » ; et la huitième : « Toute vie sociale est essentiellement *pratique* ».

2. *Cf. infra* chap. III. Mais on lit déjà dans le troisième des *Manuscrits* cette indication programmatique : « L'histoire est la véritable histoire naturelle de l'homme – (il faudra revenir là-dessus) », *M. E-Ph. 1844*, p. 167 ; MEGA², I, 2, p. 409 : « *Die Geschichte ist die wahre Naturgeschichte des Menschen – (Daraufzurückzukommen)* ».

3. Évoquer un « humanisme théorique » du "jeune Marx", nourri par sa « philosophie de la *praxis* », et opposer cet humanisme (qui pourrait aussi bien être le comble de l'idéalisme) à une conception ultérieure, à tonalité nettement plus historique, de la « production », c'est minorer considérablement la conjonction que Marx a établie dès les *Manuscrits de 1844* entre nature et histoire. É. Balibar, qui reprend cette interprétation (rattachée, en France, à l'école de L. Althusser), la nuance cependant lorsqu'il conclut de son analyse de *L'Idéologie allemande* que « Marx a levé un des plus anciens tabous de la philosophie : la distinction radicale de la *praxis* et de la *poièsis* », et que « L'identification des deux, la thèse révolutionnaire selon laquelle la *praxis* passe constamment dans la *poièsis*, et réciproquement, […] ne peut rester sans effet sur le troisième terme du triptyque classique : la *theôria* », *La philosophie de Marx*, Paris, La Découverte, 1993², p. 40 (*cf.* l'ensemble des p. 15-40). Ce que nous disons, à partir des *Manuscrits de 1844*, de l'auto-production et de la production va dans le même sens.

4. K. Marx, *M. E-Ph. 1844*, troisième manuscrit, p. 152 ; MEGA², I, 2, p. 395.

5. *Ibid.*

nouvelle *forme* déclassant le langage de l'idéalisme et du matérialisme aussi bien que leur *disputatio,* et acquérant par là une efficace sur le monde sensible (toujours-déjà sauté sous l'une et l'autre des deux formes précédentes). C'est dans l'horizon ouvert par cette ontologie du sensible qu'apparaîtront conjointement la détermination de l'homme comme « producteur », la critique du travail aliéné et celle de la propriété privée.

C'est ici l'occasion de souligner que, bien que la thèse d'une répétition pure et simple de Feuerbach par Marx dans les *Manuscrits de 1844* conduise Michel Henry à maintenir la nécessité d'une coupure (intra-*philosophique* cette fois, ce qui la différencie de la version althussérienne et ce qui permet d'éviter une hypostase de la scientificité dans la pensée de Marx), les premières pages du deuxième tome de son *Marx* gomment peu à peu les contours de cette coupure. En effet, après avoir rappelé que « Marx interprète d'emblée la subjectivité comme trouvant son essence dans une immanence radicale » [1], Michel Henry accorde que, « en dépit de la rupture de 45, ces thèses décisives sont reprises dans la critique contre Stirner dont elles constituent le soubassement caché » [2]. Il en va encore de même pour le concept de « détermination », puisqu'on lit à ce sujet, d'une part, que, « monadique, radicalement immanente, la vie est encore, une vie déter-minée » et que c'est un signe clair de « l'influence de Feuerbach [qui] doit ici être mentionnée une dernière fois » ; et, d'autre part, que « cette philo-sophie de la détermination devait marquer toute la pensée de Marx », si bien que « toute l'œuvre ultérieure [en] atteste la permanence » [3]. Il apparaît en outre, et c'est sans doute le plus important, que le concept de besoin, tel qu'il s'élabore dans les *Manuscrits,* s'avère en fait *résister* à toute reprise de la thèse de la coupure, même sous sa forme ontologique. Michel Henry écrit en effet :

> Une philosophie de la vie immanente devait naturellement donner une place décisive aux concepts de besoin, d'activité, de jouissance, car ce sont là des déterminations originelles de la vie [...]. Toutefois l'intelligence du *caractère décisif du concept de besoin* appelle encore une remarque. Car le besoin, tel que l'entend Marx, ne désigne pas seulement une détermination de la vie, si privilégiée soit-elle, il est plus profondément le *lien de toutes ses déterminations,* leur *intériorité réciproque* sur le fond de leur imma-nence essentielle, le mouvement même de la vie. *Le besoin est la vie elle-même,* la totalité monadique de toutes *ses* potentialités subjectives.

1. M. Henry, *Marx, op. cit,* t. II, p. 41.
2. *Ibid.*, p. 43.
3. *Ibid.*, respectivement p. 56, 59 et 60.

Puis il ajoute que ce qui est au principe de la condamnation des besoins grossiers, seuls reconnus par l'économie politique,

> c'est le fait que [chacun de ces besoins] n'est pas identiquement *le besoin de tous les autres besoins* et le premier moment de leur réalisation, c'est qu'il ne s'identifie pas avec le mouvement même de la vie ;

et enfin que :

> le fait que les besoins ne soient rien d'autre que l'autoréalisation de [la] subjectivité dans son immanence radicale et de son intériorité, c'est *ce qui est affirmé par Marx au-delà des mutations conceptuelles de sa pensée* [1].

On ne saurait mieux dire que l'ontologie du sensible de 1844 porte tous les textes de Marx et que la coupure supposée s'est vue retirer progressivement ses déterminations. N'ayant pas interprété l'ontologie des *Manuscrits* comme la recherche d'un mode d'être ouvert apriorique au sein duquel l'homme sensible et la nature adviennent co-originellement, Michel Henry se trouve contraint de *doubler* l'intériorité de la subjectivité moderne par une « intériorité réciproque » de tous les besoins ontiques, lesquels se lieraient chez Marx en un besoin qui serait finalement « la vie elle-même ». On en revient alors inévitablement – et le texte le dit clairement, dans un difficile effort pour nommer ce qu'il tente de penser par des formules comme « besoin de tous les autres besoins », « intériorité réciproque », « lien » – à une détermination métaphysique de l'être comme « totalité [...] de toutes ses potentialités subjectives » ; détermination que les textes du troisième des *Manuscrits* que nous avons commentés semblent interdire.

Là donc où Marx tente d'excéder la métaphysique en travaillant son langage jusqu'à atteindre parfois la limite du non-sens, l'interprétation de Michel Henry doit redoubler cette métaphysique, alors même que l'auteur reconnaît le « caractère décisif du concept de besoin » et retravaille par là sa thèse d'une coupure intra-philosophique. Ceci montre que la décision s'est *déjà* faite lors de l'interprétation des *Manuscrits de 1844* comme « répétition » de Feuerbach : il était depuis lors impossible de conceptualiser ce qui est effectivement décisif dans le concept de besoin qui tente d'y trouver son langage.

---

1. M. Henry, *Marx, op. cit*, t. II, p. 64-65 (c'est nous qui soulignons).

LE PRODUCTEUR ET SON NON-ÊTRE (*UNWESEN*)

S'il est vrai que « la vie productrice est la vie générique », ou « la vie qui engendre la vie » [1], produire, ce n'est pas tout premièrement produire des marchandises, ni même produire des objets ; c'est s'auto-produire, engendrer la vie et non accumuler des richesses matérielles. Aussi n'y a-t-il plus de raison de s'étonner du geste de séparation qui inaugure *Le Capital :* si Marx, dans un geste tout à fait socratique, "envoie promener" (*khairein*) la « richesse des sociétés » et les besoins ontiques, ce n'est pas parce qu'il a rompu avec l'anthropologie encore idéaliste de 1844 aussi bien qu'avec l'économie politique, mais c'est parce que l'*eidos* du travail aliéné ne peut être trouvé sur ce terrain-là.

Le producteur est la confirmation de l'humanité de l'homme, puisque, « précisément, c'est seulement dans l'élaboration du monde objectif que l'homme s'atteste réellement comme étant un *être générique (bewährt sich [...] wirklich als* Gattungswesen) [...], c'est-à-dire un être qui se rapporte au genre comme à son être propre, ou bien qui se rapporte à lui-même en tant qu'être générique » [2]. Cette plénitude de vie s'auto-engendrant dans et par la production d'un monde objectif, Marx la nomme la « vie riche » ; riche en un sens ontologique de la richesse et non au sens de l'économie politique [3]. Conformément à un tel concept *ontologique* de la richesse de vie, besoins et richesse ne s'excluent plus mutuellement et ne renvoient plus indéfiniment l'un à l'autre au fil du jeu sans terme des appétits, des désirs et de leur satisfaction provisoire. La « totalité d'expression vitale humaine » n'est en aucune façon une totalité sommative, une accumulation ; c'est une totalité apriorique, une plénitude d'existence réellement humaine qui s'enrichit à chaque fois qualitativement et non quantitativement. Ce que tout texte philosophique accorde volontiers à l'artiste – à savoir la faveur singulière de pouvoir se réaliser dans son œuvre, et donc de pouvoir conjoindre sa *poièsis* et sa *praxis* vitale, que ce soit par le « don de nature » du génie kantien ou par une « distraction » de la nature bergsonienne –, l'ontologie des *Manuscrits de 1844* demande qu'on l'accorde à tout producteur, c'est-à-dire à tout homme dont la vie parvient à

---

1. K. Marx, *M. E-Ph. 1844*, premier manuscrit, p. 122 ; MEGA², I, 2, p. 369.

2. *Ibid.*, p. 123 ; MEGA², I, 2, p. 369.

3. « On voit comment à la *richesse* et à la *misère* de l'économie nationale [ou politique] se substituent *l'homme riche* et le riche besoin *humain*. L'homme *riche* est en même temps l'homme *qui a besoin* d'une totalité d'expression vitale humaine (*einer Totalität der menschlichen Lebensäusserung* bedürftige *Mensch*) », troisième manuscrit, p. 154 ; MEGA², I, 2, p. 396-397.

trouver sa « signification *humaine* et donc sociale » [1]. Une fois encore, le besoin *humain* et la vie *humaine* dont il est ici question sont expressément désignés comme sociaux et donc historiques ; par conséquent, Marx ne répète pas le matérialisme feuerbachien (et pas davantage les thèses idéalistes sur l'essence humaine). C'est à partir de cette thèse ontologique sur la vie productive et générique qu'est menée la critique de la propriété privée et du travail aliéné :

> La propriété privée nous a rendus si sots et bornés qu'un objet ne devient le *nôtre* qu'à partir du moment où nous l'avons, et donc où il existe pour nous comme capital, ou à partir du moment où il est immédiatement possédé par nous, mangé, bu, porté sur notre corps, habité par nous, etc. [...]. La pure et simple aliénation de *tous* les sens, le sens de *l'avoir* (*der Sinn des* Habens), est venue prendre la place de *tous* les sens physiques et mentaux (*physischen und geistigen Sinne*) [2].

Autant dire que l'essence de la propriété privée est la rétention, la retenue par devers soi de l'objet qui, alors seulement, est considéré comme « nôtre ». Or cette possession constitue aussi bien la « pauvreté absolue » [3] au regard de la vie générique puisque la propriété privée n'est pas autre chose que l'aliénation du propre, l'aliénation de la plénitude générique, et puisque exister authentiquement (*eigentlich*) c'est vivre conformément à son pouvoir-être le plus essentiel, le plus propre (*eigen*) – ce qui peut fort bien passer par la dépense, par des projets ambitieux, ou par la simple résolution d'accomplir des tâches plus banales. L'authenticité réside dans le fait que le travail est approprié à la réalisation d'un projet où il y va du sens d'une vie. On reconnaît dans cette appropriation du travail à la production de soi-même ce que Marx nommait « totalité d'expression vitale humaine », et ce qu'il nomme ici « l'*émancipation* complète de tous les sens et de toutes les qualités humaines » [4]. Cette émancipation n'est le fait, ni de la « main invisible » d'Adam Smith, ni de la relève de l'État hégélien, mais d'une abolition historique de la propriété privée ; elle représente donc un projet de révolution sociale, et

---

1. K. Marx, *M. E-Ph. 1844*, p. 154 ; MEGA², I, 2, p. 397 : « *eine* menschliche *und daher gesellschaftliche Bedeutung* ».

2. *Ibid.*, troisième manuscrit, p. 149 ; MEGA², I, 2, p. 392.

3. *Ibid.* ; MEGA², I, 2, p. 393 (« *diese absolute Armuth* »).

4. *Ibid.*, p, 150 ; MEGA², I, 2, p. 393 : « *Die Aufhebung des Privateigenthums ist daher die vollständige* Emancipation *aller menschlichen Sinne und Eigenschaften* ».

elle n'est cette émancipation que du fait précisément que ces sens et ces qualités sont devenus *humains,* aussi bien subjectivement qu'objectivement. L'œil est devenu un œil *humain* en même temps que son *objet* est devenu un objet social, *humain*, un objet provenant de l'homme et destiné à l'homme. Les *sens* sont par suite devenus immédiatement, dans leur praxis, des *théoriciens.* Ils se rapportent à la *chose* pour la chose elle-même, mais la chose elle-même est un comportement *objectif* et *humain* par rapport à soi et par rapport à l'homme, et inversement [1].

Ce texte est à lire attentivement car c'est l'un des fragments des *Manuscrits* qui tentent, avec une sorte de désespoir, d'excéder la conception usuelle du rapport à l'objet. Le soulignement répété de l'adjectif « *humain* » indique qu'il y va de la détermination ontologique du propre de l'homme, laquelle ne se gagne pas dans la différenciation classique de l'homme et de l'animal [2], mais dans celle de l'homme humain et de l'homme non humain. L'homme authentiquement humain est celui qui existe conformément à son essence, celui qui s'autoproduit dans sa production et qui est ouvert à la chose selon son genre. En ce sens, son œil est un « théoricien » puisqu'il dis-cerne le rouge dans tous les rouges, le lointain comme tel dans l'arbre lointain, etc. Voir est un mode de son être au monde, un mode de sa capacité à dis-cerner. Il se rapporte, écrit Marx, « à la chose pour la chose elle-même », c'est-à-dire à la chose selon son mode d'être. Mais, comme il n'y a de chose finie, séparée, discernée, qu'à partir du cerne d'une possibilité *a priori* du discernement humain, Marx peut et doit ajouter que « la chose elle-même est un comportement *objectif*

---

1. *Ibid.* : « *aber sie ist diese Emancipation grade dadurch, dass diese Sinne und Eigenschaften* menschlich, *sowohl subjektiv als objektiv geworden sind. Das Auge ist zum* menschlichen *Auge geworden, wie sein* Gegenstand *zu einem gesellschaftlichen,* menschlichen *vom Menschen für den Menschen herrührenden Gegenstand geworden ist. Die* Sinne *sind daher unmittelbar in ihrer Praxis* Theoretiker *geworden. Sie verhalten sich zu der* Sache *um der Sache willen, aber die Sache selbst ist ein* gegenständliches menschliches *Verhalten zu sich selbst und zum Menschen und umgekehrt* ».

2. Le texte de Marx reprend par ailleurs plusieurs fois cette analyse traditionnelle de la distinction homme/animal ; en particulier dans le premier manuscrit, p. 122 : « l'homme étant plus universel que l'animal, d'autant plus universelle est la région de la nature non organique dont vit l'homme », et p. 123 : « Certes, l'animal produit également [...], mais l'animal ne produit que ce dont il a immédiatement besoin pour lui-même ou pour son petit ; il produit unilatéralement, quand l'homme produit universellement ». En se reportant au passage du troisième manuscrit qui vient d'être commenté, on comprend qu'il ne s'agit pas tant d'une différence quantitative des champs d'action humain et animal que d'une différence qualitative : si l'homme produit « universellement » et non « unilatéralement », c'est parce qu'il fait du *genre* son objet. Nous reviendrons sur la différence que Marx établit entre l'animalité et l'*Unwesen* de l'humanité.

et *humain* à soi et par rapport à l'homme, et inversement ». Ce qui ne veut apparemment rien dire ! De fait, « un comportement *objectif* et *humain* (*ein gegenständliches menschliches Verhalten*) » de la chose à elle-même et à l'homme et de l'homme à lui-même et à la chose, c'est un concept qui, pour autant qu'il puisse encore se figurer, détruit l'idée courante de rapport. Il faudrait en effet concevoir, pour l'homme, un rapport de soi à soi qui soit déjà objectif et humain, donc qui ne pourrait être pure intériorité ou pure immanence ; et il faudrait aussi concevoir ce même rapport de soi à soi pour la chose (qui ne serait dès lors pas simplement objectivité). La dialectique hégélienne de l'expérience, elle-même, ne permet pas de concevoir un tel rapport puisque les sens « se rapportent à la chose pour la chose elle-même » et que n'intervient par conséquent aucune *Aufhebung* faisant – écrirait ici Hegel – « surgir » l'objet vrai de la conscience [1]. Un tel rapport humain objectif est donc proprement infigurable. Il l'est tout simplement parce que ce n'est pas un *rapport* entre deux pôles préexistants, mais une ouverture apriorique de l'homme à la nature, ouverture qui les fait advenir co-originellement l'un à l'autre et chacun à lui-même : l'homme à l'homme, l'objet à son genre et l'objet à la société humaine prise comme genre. Un tel mode d'être est donc tout aussi originellement naturel que socio-historique. Or, comme ce mode d'être est un mode d'être sensible, il s'ensuit nécessairement que la sensibilité humaine est *historique* ; c'est pourquoi, dans les pages suivantes du troisième manuscrit, Marx expose une théorie de la formation historique des sens humains : « La *formation* des cinq sens est un travail de l'ensemble de l'histoire mondiale antérieure [...] ; c'est pourquoi les *sens* de l'homme social sont des sens *autres* que ceux de l'homme non social » [2].

On peut certes interpréter cette thèse en un sens obvie : Marx ferait ainsi allusion à l'affinement progressif des sens humains, au raffinement des mœurs et des plaisirs, à l'accession à la culture, et autres phénomènes de progrès. Ce n'est d'ailleurs pas absolument faux, et les exemples de Marx peuvent d'eux-mêmes induire une telle lecture. Ils évoquent en effet l'oreille qui devient musicienne, l'« œil [éduqué] pour la beauté de la

---

1. *Cf.* le passage de l'Introduction de la *Phénoménologie de l'Esprit* (*op. cit.*, p. 127) sur le « surgissement » devant la conscience du nouvel « ob-jet vrai », qui a été cité plus haut. La différence radicale entre les ontologies de Hegel et de Marx apparaît clairement : la *Vereinigung* hégélienne suppose l'existence d'un rapport entre deux termes déchirés par une séparation et rappelés par elle au désir d'unité. L'être originellement à la nature pensé par Marx écarte ce pathos de la distance et le déclasse en tant que problème philosophique.

2. *M. E-Ph. 1844*, p. 151 ; MEGA², I, 2, p. 394.

forme» [1] ; autant d'allusions claires au raffinement esthétique qui culminent dans l'exemple suivant : « le marchand de minéraux ne voit que la valeur mercantile, mais pas la beauté ni la nature spécifique du minéral ; il *n'a pas de sens minéralogique*» [2]. Ce qui fait l'intérêt de ce dernier exemple est qu'il est délibérément *excessif;* il excède, et même interdit toute possibilité de compréhension de la «formation des cinq sens» comme un passage progressif, au fil du temps historique, d'un homme naturel à l'homme social [3]. À moins en effet de cantonner Marx dans la plus totale naïveté naturaliste (attestée par sa croyance en l'existence en l'homme d'un certain «sens minéralogiste»), il faut bien admettre que « l'homme non social» dont il est question est en fait éminemment socialisé, au sens courant de ce terme, qu'il évolue dans une société...

Qu'est-ce donc enfin qu'un tel homme non social? L'exemple du marchand de minéraux indique clairement que c'est l'homme égoïste, l'homme dont les «sens théoriques et pratiques» se sont atrophiés en un seul sens, celui de l'avoir. L'absence de sens minéralogique n'est donc rien d'autre qu'une «totalité d'expression vitale *humaine*» dévoyée – et il faut souligner à la fois cette totalité non quantitative, tout entière présente dans la moindre de nos ouvertures à un objet la nature (fût-elle pervertie par l'hypertrophie de l'avoir), et le caractère humain d'une telle ouverture (une humanité qui ne se gagne pas par différence spécifique avec l'animal, mais par la différenciation d'avec l'égoïsme).

La grossièreté sensible à laquelle Marx fait allusion [4] n'est donc pas principalement celle de l'animal ou celle de l'homme dit naturel [5] ; le non humain n'est pas ici l'animalité mais le *non-être de l'homme,* son

---

1. *M. E-Ph. 1844*, p. 151.

2. *Ibid.* (nous soulignons) ; MEGA^2, I, 2, p. 394 : « [...] *er hat keinen mineralogischen Sinn*».

3. On sait que Marx n'aimait pas les «robinsonades», ces «fictions pauvrement imaginées du dix-huitième siècle» (*Introduction générale à la critique de l'économie politique* (1857) – Cahier M des *Grundrisse*, in *Œuvres. Économie I, op. cit.,* t. I, p. 235 (J.-P. Lefebvre traduit par « [les] plates illusions du 18 ^{e} siècle », *in* J.-P. Lefebvre et *alii* (éds.) *Manuscrits de 1857-1858 («Grundrisse»),* Paris, Éds. Sociales, 1980, t. I, p. 17) ; *cf.* également *Misère de la philosophie, op. cit.,* p. 10 et *Le Capital*, livre I, section I, chap. l, § 4). Mais les mécanismes d'une fiction si utile à l'économie politique devaient être démontés une fois pour toutes, aussi Marx visitera-t-il lui aussi Robinson et construira-t-il une anti-fiction naturaliste dans *Le Capital* : « Puisque l'économie politique aime les robinsonades, faisons d'abord paraître Robinson dans son île, etc. » (*op. cit.*, p. 87-88). *Cf. infra* chap. III.

4. « L'œil *humain* jouit autrement que l'œil brut non humain, l'*oreille* humaine autrement que l'oreille brute, etc. », *M. E-Ph. 1844*, p. 150.

5. Au sens de l' « état de nature », donc au sens non marxien de la naturalité de l'homme.

Unwesen. Cette grossièreté est celle de l'homme sensible sous le régime de la propriété privée, sous le régime de l'hypertrophie du sens de l'avoir, mais elle n'est elle-même que le résultat de la perte première de l'être naturel générique, une perte qui a pour nom le travail aliéné [1].

Nous avons vu que le travail aliéné est mortification, sacrifice de soi de l'ouvrier, car il lui arrache son mode d'être le plus propre et tue la vie générique par l'accumulation purement ontique de "biens" étrangers aux travailleurs. Ceci se lit *dans le texte même*, dans celui que nous venons de citer en note, par exemple, où ressurgit le terme de «rapport (*Verhält-niss*)» : que le travail aliéné soit un «rapport extérieur du travailleur à la nature et à lui-même», cela doit être entendu à la lettre comme la retombée du mode ontologique de l'être-ouvert (mode authentiquement humain) dans le mode ontique de l'être-rapporté-à, qui est un mode d'aliénation des hommes privés de leur essence. Ainsi se com-pose la société grossière-marchande :

> la *propriété privée*, en tant qu'expression matérielle résumée du travail ayant perdu son expression (*entäusserten Arbeit*), englobe les deux *rapports*, à savoir d'une part le *rapport du travailleur au travail et au produit de son travail* ainsi qu'au *non travailleur*, et d'autre part le *rapport* du *non travailleur au travailleur et au produit de son travail* [2].

Le texte est cette fois encore parfaitement assuré dans son lexique : il dit exactement la récurrence des rapports comme autant de pertes de la «vie riche», des pertes qui ne laissent rien ni personne indifférents, ni le travailleur ni le non travailleur, ni non plus les produits du travail. Il s'ensuit que tout le social verse dans le non-être, et avec lui, le monde dans l'im-monde. On lit donc dans ces fragments le retournement de la vie générique contre elle-même, un retournement qui n'est pas, comme chez Hegel, un moment dialectique nécessaire mais une contingence sociale historique. En effet, si Marx précise que le travail aliéné «n'est pas librement voulu,

---

1. Voir également, le premier manuscrit : «La *propriété privée* résulte donc, par analyse, du concept du *travail ayant perdu son expression* (entäusserten Arbeit), c'est-à-dire de *l'homme ayant perdu son expression* (entäusserten Menschen)», et donc «du rapport extérieur du travailleur (*des äussererlichen Verhältnisses des Arbeiters*) à la nature et à lui-même », *M. E-Ph. 1844*, p. 126 ; MEGA², I, 2, p. 372.

2. *M. E-Ph. 1844*, premier manuscrit, p. 128 (nous soulignons «rapport») ; MEGA², I, 2, p. 374 : «*Das* Privateigenthum, *als der materielle, resümirte Ausdruck der entäusserten Arbeit umfasst beide Verhältnisse, das* Verhältniss des Arbeiters zur Arbeit und zum Product seiner Arbeit *und zum* Nichtarbeiter *und das Verhältniss des* Nichtarbeiters, zum Arbeiter, und dem Product seiner Arbeit ».

mais contraint, c'est du *travail forcé* (Zwangsarbeit)»[1], c'est bien pour souligner qu'il s'agit d'un *rapport de force social* qui ne peut laisser le travailleur indemne : en tant que travail forcé, donc en tant qu'expression perdue, ou aliénée (*Entäusserung*) de sa capacité à s'auto-produire, de sa *Selbsttätigkeit*, il le concerne en son essence et l'atteint dans cette essence, si bien que « nous en arrivons ainsi au résultat que l'homme (le travailleur) ne se sent plus comme librement actif que dans ses fonctions animales (manger, boire et procréer) [...]. L'animal devient l'humain et l'humain devient l'animal »[2]. Entendons, une fois encore, que « l'animal » ne désigne pas tant la bestialité ou le fond naturel supposé de l'homme, que sa monstruosité, son *Unwesenheit*. Certes Marx se réfère aux fonctions animales de l'homme, boire, manger, procréer, mais il ajoute aussitôt que « manger, boire et procréer, etc., sont certes également des fonctions véritablement humaines. Mais, dans l'abstraction qui les sépare du reste du cercle de l'activité humaine et qui en fait les derniers et uniques buts finaux, elles sont animales »[3]. Donc, que l'homme puisse être authentiquement humain en mangeant, buvant et procréant ne pose aucun de problème. Ce qui, en revanche, ôte à certains hommes la possibilité d'exister authentiquement, c'est de ne plus pouvoir faire librement *que* cela, car, par là, ils vivent « l'existence *abstraite* de l'homme comme d'un pur et simple *homme-de-travail*, qui peut par suite quotidiennement tomber de son néant rempli dans le néant absolu »[4]. Une telle néantisation en tant que « néant rempli » existe, c'est le travailleur. *Le travailleur est donc l'*Unwesen (*le non-être*) *du producteur*[5]. C'est ce non-être, ce monstre qu'étudie

---

1. *M. E-Ph. 1844*, premier manuscrit, p. 120 ; MEGA², I, 2, p. 367.

2. *Ibid.*, p. 121 ; MEGA², I, 2, p. 367 : « *Es kömmt daher zu dem resultat, dass der Mensch (der Arbeiter) nur mehr in seinem thierrischen Funktionen, Essen, Trinken une Zeugen, etc. sich als freithätig fühlt [...]. Das Thierische wird das Menschliche und das Menschliche das Thierische* ».

3. *Ibid.*, p. 121 ; MEGA², I, 2, p. 367-368. Ce qui est ainsi réduit à se reconstruire animalement, autrement dit à se reproduire dans et par la perte de l'auto-production et de l'objectivation de soi de l'homme dans son travail, n'est autre que ce que *Le Capital* nommera la « force de travail » (*Arbeitskraft*). Que cette reproduction (boire, manger et procréer) devienne le but dernier et unique, voilà l'inhumanité.

4. *M. E-Ph. 1844*, second manuscrit, p. 133 ; MEGA², I, 2, p. 377 : « *die abstrakte Existenz des Menschen als eines blosen Arbeitsmenschen, der daher täglich aus seinem erfüllten Nichts in das absolute Nichts [...] hinabstürzen kann* ».

5. É. Bottigelli traduit *Unwesen* par « monstre » ou par « non-être », *cf.* p. 81 n. 1 et p. 137 n. 3. M. Rubel le traduit par « inessentiel » (in *Œuvres. Économie II*, p. 73), ce qui peut compromettre la compréhension du texte. F. Fischbach et J.-P. Gougeon traduisent tous deux par « non-être ».

l'économie politique – par hypocrisie ou par cynisme, nous y reviendrons à propos de Smith, Say et Ricardo. C'est lui l'*homo œconomicus*, autrement dit le sujet d'une suite infinie de besoins naturels et culturels [1]. De toute cette tératologie qui s'ignore, ou qui veut s'ignorer comme telle, Marx devra s'éloigner par principe dès le début du livre I du *Capital*, mais, comme nous l'avons vu, c'est ici, dans les *Manuscrits* de *1844,* que ce principe est gagné. C'est ici que l'ontologie de l'homme sensible est mise en place et qu'émerge la preuve, l'attestation de cette ontologie : le producteur. Pour autant donc que la *praxis* est l'activité qui a en elle-même sa propre fin, l'auto-production générique qui s'engendre elle-même dans et par la production ontique constitue le premier concept d'une «philosophie de la *praxis*» qui *n'est pas* un humanisme de jeunesse avec lequel Marx aurait eu à rompre pour devenir lui-même.

SOUTENIR L'ÉQUIVOQUE OU FAIRE SES PREUVES ?

L'analyse de l'ontologie des *Manuscrits de 1844* conduit à penser l'homme comme être naturel sensible ouvert au monde se produisant par sa production ontique, c'est-à-dire comme un existant d'emblée naturel et historique (donc social, puisqu'il a nécessairement besoin de l'autre, et que l'autre c'est avant tout le genre humain). Cet acquis a été rendu possible par une série de déplacements des oppositions classiques : déplacements des oppositions de la pratique à la théorie, de l'histoire à la nature, du besoin à la richesse, du sujet à l'objet. Lorsque donc Marx écrit que par l'abolition de la propriété privée «les sens sont devenus immédiatement, dans leur *praxis*, des *théoriciens*» [2], il faut entendre ce devenir comme «l'histoire naturelle» de l'homme – c'est-à-dire sa seule histoire –, la *praxis* comme auto-production et le théorique comme la dimension apriorique d'ouverture du sensible. Par suite, aucun de ces concepts n'a un sens obvie qui proviendrait d'un héritage tantôt matérialiste-feuerbachien, tantôt idéaliste-hégélien, c'est pourquoi les *Manuscrits* sont un texte au travail dans la métaphysique, en son coeur même, autrement dit *dans son langage.*

---

1. *Cf.* le troisième manuscrit, où Marx, évoquant les progrès dans le cynisme des économistes, écrit qu'ils en viennent à «[prendre] l'homme comme non-être pour essence», p. 141 ; MEGA[2], I, 2, p. 384 : «*den Menschen als ein Unwesen zum Wesen machen*».

2. *M. E-Ph. 1844,* troisième manuscrit, p. 150 ; MEGA[2], p. 393 : «*Die* Sinne *sind daher unmittelbar in ihrer Praxis* theoretiker *geworden*».

Il a été déjà remarqué plus haut que des expressions telles que « comportement *objectif* et *humain* [de la chose] par rapport à soi et par rapport à l'homme », ou « histoire naturelle » de l'homme, ou encore « l'essence *humaine* de la nature ou l'essence *naturelle* de l'homme »[1] ne veulent rien dire, ni pour l'idéalisme, ni pour le matérialisme. En ce sens, les soulignements de Marx ne sont là que pour désigner un problème, pour pointer encore davantage la question que ce "ne rien vouloir dire" représente pour son lecteur en l'engageant à soutenir avec lui l'équivoque de son langage.

Il ne servirait à rien de considérer avec trop de hauteur, ou trop d'indulgence pour le "jeune Marx", ce texte en travail, puisqu'il faudrait alors se résoudre à ne voir dans l'équivocité des *Manuscrits* qu'une habile identification de l'ontique à l'ontologique. C'est pourtant l'interprétation de Jacques Rancière : « L'activité productrice est identifiée à l'activité générique (activité de l'homme en tant qu'il y affirme son essence propre) [...]. Cette transposition a été rendue possible parce que l'on a fait un *jeu de mots* sur le concept de production. De même sur le concept d'objet [...]. Aussi bien ce discours n'aura-t-il pas de suite »[2]. De « concepts-clé » en « jeu de mots », la thèse de la coupure se construit et se répète donc en séparant, en quelque sorte, le bon grain de l'ivraie, le régime scientifique de l'écriture du « discours » philosophique. Mais, comme nous allons le montrer, ce dernier discours a bien eu une suite dans *Le Capital* et ailleurs ; il constitue même le seul régime d'écriture et de pensée de Marx lorsqu'il tente – tout au long des *Manuscrits* ou dans ses écrits ultérieurs – de nommer la racine commune d'où s'extraient en se différenciant les deux modalités de la production : une modalité non essentielle (qui, prise seule, renvoie à la bestialité, à la monstruosité de la vie aliénée, bref à l'*Unwesenheit*), et une modalité auto-productive (*Produktion, Erzeugen*) propre à l'homme social et naturel.

Que cette racine, nommée par Marx « être immédiatement de la nature », soit « au plus haut point équivoque », c'est ce qu'on ne peut qu'accorder à Michel Henry[3], mais en soulignant aussitôt que cette équivoque a été aperçue et *travaillée* par Marx lui-même. La lecture critique de Michel Henry repose en fait, comme nous l'avons dit, sur le présupposé que Marx répète, ou recopie « purement et simplement [...] les thèmes de

---

1. *M. E-Ph. 1844*, p. 153, MEGA², I, 2, p. 396.
2. J. Rancière, « Le concept de critique... », *op. cit.*, p. 106-107 et p. 122.
3. M. Henry, *Marx, op. cit.*, t. I, p. 290.

Feuerbach» [1] alors même qu'il cherche à donner une portée historique et ontologique au sensible, une portée que le sensible feuerbachien n'a pas. Selon Michel Henry, Marx ne pourra donc parvenir à sa fin qu'en refusant de reprendre à son compte les présupposés matérialistes de type naturaliste de Feuerbach, ce qui le conduit – puisqu'il est supposé se situer encore sur le même terrain que son prédécesseur – à *réinjecter du théorique dans le sensible*, au sens traditionnel de ces deux concepts. C'est pourquoi, si l'on suit cette interprétation, Marx en vient à penser, contre Feuerbach mais en en restant dépendant, que «le développement des sens est tributaire du degré de développement d'une société, des types d'objet qu'une culture propose à un moment donné de son histoire» [2]. Et Michel Henry peut, en suivant cette hypothèse de la filiation feuerbachienne de Marx en 1844, conclure que, «en tant que la structure de l'intuition réside dans le processus d'objectivation où s'objecte l'objectivité, elle n'est pas différente de la structure de la pensée telle que la comprend Hegel. [...] la critique intentée à celui-ci par Feuerbach et Marx n'a aucune signification ontologique» [3]. Mais en réalité la formation historique des sens, telle que Marx la conçoit, ne renvoie pas au développement des sociétés ou de la culture, et en dernier ressort à une humanité naturelle au sens d'une humanité non encore socialisée, mais à l'opposition entre la composition des égoïsmes dans les sociétés marchandes et l'«histoire naturelle» authentiquement humaine [4].

C'est par un déplacement critique analogue que l'opposition classique entre le sensible et le théorique est travaillée dans les *Manuscrits*. Ce déplacement est justement – nous l'avons dit – l'un des enjeux majeurs du travail du texte opéré par Marx au coeur du langage de la tradition, et la reprise de la possibilité la plus haute de la révolution théorique feuerbachienne a pour terrain ce travail textuel. L'objectivité évoquée dans les *Manuscrits* n'est

---

1. M. Henry, *Marx, op. cit,* t. I, p. 290 et 292.
2. *Ibid.,* p. 297.
3. *Ibid.,* p. 305 et 306.
4. Cf. *supra* et *L'Idéologie allemande*: «La "conception" du monde sensible chez Feuerbach se limite, d'une part, à la pure contemplation de celui-ci et, d'autre part, à la pure sensation. Il dit "l'Homme" au lieu de "l'homme historique et réel". [Or] les objets de la "certitude sensible" la plus simple ne lui [sont] donnés que par l'évolution sociale, l'industrie et les échanges commerciaux», *in* K. Marx, *Œuvres III,* p. 24. On pourrait croire lire ici, sous la plume de Marx, une théorie du développement historique des sens humains liés au développement de l'industrie, mais il s'agit plutôt pour lui de montrer que chez Feuerbach la sensibilité est encore une faculté, anhistorique par essence, de la subjectivité (de l'*ego*) et qu'elle redouble ainsi sans le savoir la déchéance historique de l'homme sensible en homme égoïste dans le mode de production historiquement déterminé du capitalisme.

par conséquent ni celle de Feuerbach ni celle de Hegel, puisque c'est une objectivité sensible-sociale qui n'est un "en face", un ob-jet, que pour un homme ouvert à la nature et à l'histoire co-originellement. De ce point de vue donc, la lecture sans préjugé des textes impose de reconnaître à Marx que l'équivocité de son texte est sa *force* aussi bien que sa faiblesse, qu'elle n'est ni un simple «jeu de mots» ni une ambiguïté tentant, plus subrepticement, de rejoindre le niveau ontologique. C'est en supportant l'équivoque de son langage que Marx tente de nommer le même qui lie originellement la production matérielle et l'auto-production, accomplissant ainsi, sur son propre chemin, la révolution théorique silencieuse de Feuerbach. Mais comment se dit ce même ?

Une phrase du premier manuscrit a, dès l'abord de notre analyse, retenu notre attention. Relisons-la en soulignant les mots que nous n'avons pas encore commentés : «L'engendrement pratique d'un monde objectif, l'élaboration de la nature non organique sont *l'attestation* de l'homme en tant qu'il est un être générique conscient» [1] La question posée par cette *Bewährung* [2] est celle du mode d'efficace du principe : Marx entend-il la *Bewährung* au sens de la *preuve attestée*, auquel cas le producteur serait la réalisation ontique du principe de l'humanité, son incarnation radicale, ou bien l'entend-il au sens de l'*épreuve* ? Autrement formulé, le producteur est-il une (voire *la*) figure qui atteste ontiquement du principe de l'existence humaine en le réalisant pleinement, ou bien fait-il dans tous ses projets ontiques, en tant qu'être naturel générique, l'épreuve de ce que son essence exige de lui, au sens où il s'éprouve en chacun de ces projets comme ayant charge de lui-même selon l'exigence de principe, ou sous le commandement, de son *arkhè* ?

On répondra provisoirement ceci : soutenir que l'homme «s'avère» (*bewährt sich*) comme être générique en élaborant un monde objectif ne signifie certes pas nécessairement que le producteur incarne l'*humanitas*, mais il y a peut-être lieu de soupçonner dans cette formule ambivalente l'émergence possible d'un historicisme du fait même de l'ambiguïté entre «épreuve» et «attestation». En toute rigueur, si le principe en question est ce qui ouvre à la possibilité d'une existence historique authentiquement

---

1. *M. E-Ph. 1844*, premier manuscrit, p. 123 ; MEGA^2, I, 2, p. 369 (nous soulignons «l'attestation, *die Bewährung*») ; et, à la même page de la trad. fr., «précisément, c'est seulement dans l'élaboration du monde objectif que l'homme s'atteste réellement comme étant un *être générique* (*bewährt sich* [...] *wirklich als* Gattungswesen)» (= MEGA^2, I, 2, p. 370). Ce texte a été cité *supra* chap. II.

2. *Bewährung* peut vouloir dire attestation, preuve ou épreuve.

humaine, *il ne devrait pas pouvoir être ontiquement réalisé*, et ce par une impérieuse nécessité d'essence. Si donc le principe de l'humanité est l'auto-production générique, toute preuve ou attestation vivante de sa réalisation effective (c'est-à-dire, fondamentalement, toute conception eschatologique de l'histoire humaine) ne peut que conduire à substantialiser cette auto-production en une production matérielle. L'enjeu est donc de taille…

Ce soupçon d'ambiguïté se confirmera à la lecture du troisième manuscrit, et non en un point marginal ou accessoire mais en un instant décisif, celui où Marx pense le communisme :

> Le *communisme*, comme suppression *positive* de la *propriété privée* en tant qu'*auto-aliénation humaine*, et, par suite, comme *appropriation* réelle de l'essence *humaine* par et pour l'homme ; par suite comme retour complet, conscient de l'homme pour soi en tant qu'homme *social*, c'est-à-dire en tant qu'homme humain – comme retour accompli à l'intérieur du tout de la richesse du développement ayant eu lieu jusqu'ici [1].

On ne saurait nier qu'un tel « retour complet » est le résultat d'une « dialectique proprement hégélienne, où le communisme est défini dans les termes qui définissent chez Hegel le savoir absolu » [2]. Mais il y a peut-être plus grave que cette emprise de Hegel sur le "jeune Marx", il y a la difficulté à concevoir l' « *appropriation* réelle (*wirkliche* Aneignung) » sur un mode différent de la prise de possession de l'essence. Certes, « *wirklich* » ne renvoie pas immédiatement à une réalité ontique mais à l'effectivité ; l'appropriation effective n'en est pas moins fort équivoque dès qu'elle est nommée « retour complet (*vollständige Rückkehr*), conscient de l'homme pour soi en tant qu'homme social » car, si ce retour complet implique une réalisation sans reste, une réification de l'essence, alors l'appropriation effective versera purement du côté ontique, donc du côté de la propriété du propre – ce qui, répétons-le car l'essentiel est là, marquera la *déchéance du propre*. De même, la totalité de ce retour à soi renvoie difficilement à la totalité qualitative de l' « expression vitale humaine » qui caractérise l'homme essentiellement riche car, comme les analyses de Marx lui-même

---

1. Troisième manuscrit, p. 145-146 ; MEGA², I, 2, p. 389 : « *Der* Communismus *als* positive *Aufhebung* des Privateigenthums, *als* menschlicher Selbstentfremdung *und darum als wirkliche* Aneignung *des* menschlichen *Wesens durch und für den Menschen ; darum als vollständige, bewusst und innerhalb des ganzen Reichthums der bisherigen Entwicklung gewordne Rückkehr des Menschen für sich als eines* gesellschaftlichen, d. h. menschlichen Menschen ».

2. J. Rancière, « Le concept de critique… », *op. cit.,* p. 122.

l'ont établi, une telle totalité de vie n'a rien à voir avec un quelconque retour à soi, même au niveau social. Elle est au contraire pure manifestation ou pure con-spiration de l'homme et de la nature [1]. Il faut donc reconnaître que le langage de Marx dans ce passage est tout à fait problématique et qu'il risque de le conduire à perpétuer l'illusion d'une appropriation absolue du propre et d'une objectivation de l'être de l'homme. Nous sommes désormais en mesure de lire l'ensemble de ce paragraphe du troisième *Manuscrit* :

> Le *communisme* [...] retour complet, conscient de l'homme pour soi en tant qu'homme *social*, c'est-à-dire en tant qu'homme humain [...]. Ce communisme, en tant que naturalisme accompli, est = à l'humanisme, en tant qu'humanisme accompli, il est = au naturalisme, il est la *véritable* résolution du conflit (*die* wahrhafte *Auflösung des Widerstreits*) de l'homme avec la nature et avec l'homme [...]. Il est l'énigme résolue de l'histoire et il se sait comme cette résolution (*Er ist das aufgelöste Räthsel der Geschichte und weiss sich als diese Lösung*) [2].

L'ensemble est à présent on ne peut plus clair, et par conséquent... catastrophique. Nous lisons en effet ici – et il nous faut rappeler que ce lieu n'est autre que celui où Marx tente d'inscrire la détermination du communisme lui-même en tant que mode de production dans lequel les hommes existeraient conformément à leur principe, à l'humanité comme telle – la *catastrophe* de l'ontologie marxiste, c'est-à-dire, au sens propre, son retournement dans l'ontique. On ne peut en effet qu'être frappé par cette occurrence, dans la page des *Manuscrits* que nous venons de lire, de deux aspects déterminants de la logique de pensée de l'ensemble du texte, ou plutôt par la claire manifestation d'un signe et d'une propriété de cette logique. Le signe est celui de l'égalité, la propriété est celle de la symétrie : « naturalisme accompli = humanisme [...] ; humanisme accompli = naturalisme ». C'est là *proprement l'attestation d'un achèvement de l'équivocité du texte dans l'univocité logique*. L'ouverture apriorique au

1. Cet homme qui est, rappelons-le, « l'*homme* réel, l'homme de chair, se tenant sur la terre ferme et bien ronde, [l'homme] qui inspire et expire toutes les forces de la nature », *M. E-Ph. 1844*, p. 165. L'équivoque est à son comble lorsqu'on se souvient avoir lu, quelques pages auparavant, que « l'histoire de *l'industrie* et l'existence devenue *objective* de l'industrie sont le livre *ouvert* des *forces essentielles humaines*, la psychologie humaine se présentant de façon sensible » (p. 152 ; MEGA², I, 2, p. 395). Aucun matérialisme et, de même, aucune psychologie rationnelle ne peuvent se reconnaître dans ces formules, dans la mesure où la con-spiration de l'homme et de la nature n'est ni naturaliste ni davantage spiritualiste. Seule l'ontologie du sensible peut lire ce « livre ouvert ».

2. *M. E-Ph.* 1844, p. 145-146 ; MEGA², I, 2, p. 389.

sein de laquelle, par la production ontique, l'homme et la nature adviennent co-originellement l'un à l'autre et chacun à soi-même, est, de fait, pensée en ce lieu essentiel comme pure égalité symétrique, donc comme double substantialisation de l'être-de-la-nature et de l'être-de-l'homme. De la cascade de « *véritable(s)* résolution(s) » qui s'ensuivent, nous ne retiendrons pas, malgré le soulignement de Marx, qu'elles soient véritables, mais qu'elles soient justement des *résolutions.* C'est qu'il n'y a en fait, au niveau ontologique, pas le moindre « conflit de l'homme avec la nature et avec l'homme », ceci n'est vrai qu'au sens ontique de ces termes, n'est vrai qu'au stade de l'aliénation et de la perte de l'expression vitale de l'être originel de la nature. Conçu comme Marx le propose ici, le communisme ne serait donc, tout au plus, que « l'énigme résolue » de l'histoire en tant que succession de moments dialectiquement enchaînés les uns aux autres, c'est-à-dire de l'histoire événementielle. Mais, prise à son niveau ontologique propre, *l'historicité* humaine ne saurait, quant à elle, connaître un quelconque achèvement, car ce n'est pas une énigme à résoudre et nulle relation symétrique (ou antisymétrique) ne lie (ou n'oppose) à ce niveau-là l'homme et la nature.

Il est dès lors clair que concevoir le « producteur » et le communisme [1] comme les attestations ou les preuves vivantes de la réalisation du principe de l'humanité, c'est perdre irrémédiablement ce que l'épreuve de l'équivocité du texte avait gagné par son endurance et son travail dans la langue. Reste qu'une telle figure (*Gestalt*) idéale de l'humanité n'apparaît pas dans le texte de 1844 par accident et que, comme toute limite, elle devait déjà être inscrite, d'une façon qu'il faut encore préciser, dans le principe même de l'ontologie des *Manuscrits.*

Au principe de cette ontologie nous avons trouvé la « subjectivité objective » de l'homme conçu comme être social et historique. Ce principe pose une thèse concernant la sensibilité proprement humaine – une thèse, avons-nous vu, qu'il est vain de vouloir lire comme une répétition de Feuerbach ou comme un héritage de la négativité hégélienne, puisque c'est par son refus principiel des oppositions classiques issues de la tradition

---

1. Que ce communisme soit conçu comme « suppression *positive* de la propriété privée » (*M. E-Ph. 1844*, p. 145) ou comme « association d'hommes libres, travaillant avec des moyens de production collectifs et dépensant consciemment leurs nombreuses forces de travail individuelles comme une seule force de travail sociale » (*Le Capital,* livre I, section I, chap. 1, § 4, *op. cit.,*, p. 90), il s'agit toujours de l'immanence retrouvée au principe. Nous allons revenir sur ce texte et sur la « robinsonade » de Marx, et montrer que l'espoir en une pleine réalisation du principe de l'humanité commande effectivement ce passage du *Capital,* comme il commande ceux que nous relevons ici dans les *Manuscrits de 1844.*

métaphysique que se caractérise l'ontologie des *Manuscrits*. Ce principe ne peut toutefois demeurer un pur refus, il lui faut se dire positivement. Or, il y a deux façons d'écarter, ou de remettre en question une opposition passant pour une évidence :

a) La première façon consiste à *brouiller* l'évidence, c'est-à-dire, dans le cas présent, à brouiller l'image spéculaire qui renvoie l'une à l'autre la subjectivité et l'objectivité, la pratique et la théorie, etc. C'est bien ce que tentent les *Manuscrits ;* leur arme théorique est alors l'équivoque dans leur usage des oppositions catégoriales traditionnelles. Lorsqu'il procède ainsi, le texte est, comme nous l'avons remarqué à plusieurs reprises, proche du non-sens : « sens théoriques », « rapport humain objectif », « histoire naturelle » ou « riche besoin » relèvent bien de *l'infigurable* dans l'horizon classique. Mais précisément, en demeurant dans cet horizon comme autant d'énigmes, ils contribuent à brouiller l'évidence des types classiques du "rapport" de l'homme au monde.

b) La seconde façon d'écarter l'opposition consiste, cette fois, à la *dépasser*. C'est évidemment une tentative qui ne peut que conduire à penser ultimement, à la manière de Hegel, un « retour complet » à une unité vivante qui supprimera le déchirement tout en le conservant. La seule issue possible est donc cette fois l'objectivation de l'être ou de l'essence dans un étant suprême, nommément le « producteur » devenu *type* de l'humanité, « vraie résolution du litige (*wahre Auflösung des Streits*) entre l'existence et l'essence » [1].

Il est bien certain que la seconde manière de procéder peut être considérée comme une sorte d'accomplissement de la première, comme sa « résolution », mais elle constitue en fait bien plutôt son échec. De fait, le seul moment qui parvient à inquiéter l'évidence du rapport usuel homme-nature est le moment de la tenue de l'équivoque, celui du bougé du texte, donc celui du travail textuel. C'est pourquoi tout devient proprement catastrophique lorsque le vocabulaire revient à l'univocité : il parle alors une langue qui le trahit. Ainsi, lorsque Marx écrit dans le troisième manuscrit que « l'histoire de *l'industrie* [est] le livre *ouvert* des *forces essentielles*

---

1. *M. E-Ph. 1844*, troisième manuscrit, p. 146 ; MEGA², I, 2, p. 389). On notera également le retour de la *Vermittelung* hégélienne à la p. 171 : « l'athéisme est l'humanisme *se média-tisant avec soi* par la suppression de la religion, et le communisme l'humanisme *se média-tisant avec soi* par la suppression de la propriété privée » (= MEGA², I, 2, p. 413, nous soulignons).

humaines » [1], il nous livre – malgré lui assurément – une sorte de synthèse saisissante de ce qui s'ouvre et se ferme en même temps à sa pensée. De fait, si ce livre est simplement ouvert *pour qu'on le lise*, alors on ne lira guère autre chose que le texte de la métaphysique, un texte parfois radieux (l'épopée de la figure idéale du producteur) et parfois incompréhensible (qu'est-ce qu'un « comportement objectif et humain » de la chose par rapport à elle-même et à l'homme ?). Mais si ce livre est ouvert pour qu'on l'interroge *en tant que livre*, ce qui veut dire pour qu'on s'ouvre au travail de son texte, alors on fera l'expérience d'une typographie brouillée, d'un brouillon, d'une « épreuve » de (du) texte. Et il n'est pas dit que les plus grands textes ne soient pas ces brouillons qui endurent l'épreuve de leur travail textuel, qu'ils ne soient pas ces « manuscrits » *dont l'excellence réside dans leur inachèvement essentiel* (et non seulement contingent [2]). C'est dans ces textes que s'ouvre et se referme tout à la fois un horizon nouveau, sous lequel les oppositions traditionnelles se trouvent brouillées. Ce sont ces textes qui travaillent *dans* la métaphysique.

1. *M. E-Ph. 1844*, p. 152 ; MEGA², I, 2, p. 395 : « *die Geschichte der* Industrie *[ist] das* aufgeschlagne *Buch der* menschlichen Wesenkräfte ».

2. L'Esthétique transcendantale qui ouvre la *Critique de la raison pure* est, en ce sens, un « manuscrit » : le bougé des thèses métaphysiques qui s'y opère demeure en effet inachevé, inaccompli malgré l'achèvement apparent du livre, sa publication et même sa seconde édition en 1787 (l'Esthétique transcendantale étant peut-être encore plus inachevée, si l'on peut dire, après la seconde édition de l'ouvrage).

CHAPITRE III

LA CRITIQUE DE L'ÉCONOMIE POLITIQUE
ET LE TRAVAIL DU TEXTE

Répétons-le, c'est le travail du texte qui rend possible, dans les *Manuscrits de 1844* et dans toute l'œuvre de Marx, la critique de l'économie politique et qui permet de reconduire l'économie politique à son fond(s) métaphysique [1].

Marx, avons-nous déjà écrit, ne pense pas tantôt en économiste, tantôt en philosophe. Son projet est à présent devenu plus clair : il consiste, partant de l'image de la réalité donnée par les économistes *et* par les philosophes, à retrouver leur point de vue commun, celui de l'abstraction et du déchirement. Autant dire que Marx doit commencer par une *lecture* et par une herméneutique questionnant la structure des textes. Aussi la question qu'il posera à l'économie politique sera-t-elle la suivante : quelle est la trame de son texte, et qu'est-ce qui se trame dans ce texte lorsque les économistes tentent de faire passer son dispositif de représentation pour une disposition naturelle de tout homme et de toute société humaine ? Cette vigilance critique de Marx à l'égard des textes lus est exemplairement à

---

1. Que le fondement de l'économie politique soit identique au trésor (fonds) de la *ratio pura*, c'est ce qu'exprime ce passage du troisième manuscrit : « la *Logique* – l'*argent* de l'esprit, la *valeur* de *pensée* spéculative de l'homme et de la nature – opposée à elle, toute déterminité réelle en tant qu'être devenu complètement indifférent et par là non réel – la *pensée aliénée,* par suite la pensée faisant abstraction de la nature et de l'homme réel ; la pensée *abstraite* », M. E-Ph. 1844, p. 160 ; MEGA^2, I, 2, p. 402. On peut en conclure que l'abstraction s'entend aussi bien comme saut immédiat hors du sensible que comme équivalent général monétaire. Hegel et les économistes ressortissent donc bien du même « point de vue » au regard de l'ontologie développée dans les *Manuscrits.*

l'œuvre dans *L'introduction générale à la critique de l'économie politique* [1], en particulier dans le paragraphe de cette Introduction où Marx interroge la méthode des économistes et retrace l'histoire de son élaboration :

> Il semble juste de commencer par le réel et le concret, par le présupposé effectif, donc, par exemple en économie politique par la population, qui est la base et le sujet de l'acte social de production tout entier. Cependant, à y regarder de plus près, on s'aperçoit que c'est là une erreur. La population est une abstraction si je néglige, par exemple, les classes dont elle se compose. Ces classes sont à leur tour un mot creux si j'ignore les éléments sur lesquels elles reposent, par exemple le travail salarié, le capital, etc. [...]. Si donc je commençais par la population, j'aurais une représentation chaotique du tout (*eine chaotische Vorstellung des Ganzen*) [2].

La méthode qui est dénoncée ici consiste à extraire immédiatement des données économico-politiques les catégories générales de « population », « capital » ou encore « travail en général », « travail tout court » [3], et à construire à partir de ces concepts une théorie bien ordonnée, parfaitement logique, conduisant à produire *in fine* des lois de l'économie. Mais on n'obtient ainsi, écrit Marx, qu'« une représentation chaotique » du tout réel. Quelle est exactement la nature de ce chaos qui est un effet de l'ordre logique ? Sans doute, ici comme dans le mythe, le chaos est-il au commencement et non dans quelque défaillance logique ultérieure. Un tel chaos initial, provenant du saut non médiatisé de la pensée hors de la réalité sensible sociale, n'ôte en fait rien à la rigueur logique de l'économie politique ; en tant que dispositif représentatif cette dernière demeure parfaitement ordonnée et sa cohérence s'affirme même au fil de ses « progrès ». Mais, en tant que représentation de la totalité réelle, c'est bien un chaos, et faire passer un progrès dans le chaos pour un progrès dans la connaissance

---

1. K. Marx, *Introduction générale à la critique de l'économie politique* (1857), Cahier M des *Grundrisse*. Nous citons ici, et dans toute la suite, la traduction de J.-P. Lefebvre dans le volume *Manuscrits de 1857-1858 (« Grundrisse »)*, Paris, Éds. Sociales, 1980, t. I, p. 13-46. Cette même traduction, accompagnée du texte allemand dans l'édition Dietz des *Grundrisse*, figure également dans le recueil bilingue intitulé *Karl Marx – Friedrich Engels. Textes sur la méthode de la science économique*, Paris, Éds. Sociales, 1974, p. 110-187. Une autre traduction de l'*Introduction* se trouve dans le volume publié sous la dir. de M. Rubel, *Œuvres. Économie I*, p. 231-266.

2. *Ibid.*, § 3 : « La méthode de l'économie politique », in *Manuscrits de 1857-1858 (« Grundrisse »)*, *op. cit.*, t. I, p. 34 (volume désormais abrégé en : *Grundrisse...*).

3. *Ibid.*, § 3, respectivement p. 39 et p. 38.

constitue proprement ce que Marx nomme un « progrès dans le cynisme » [1].
La conquête progressive d'une rigueur méthodologique de plus en plus
affirmée est parfaitement reconnue par Marx –comme l'est aussi le
cynisme qui l'accompagne dans les textes des économistes– lorsqu'il
retrace, à la suite du texte précédent, l'histoire de la méthode de l'économie
politique :

> Si donc je commençais par la population, j'aurais une représentation
> chaotique du tout et, par une détermination plus précise, j'aboutirais analy-
> tiquement à des concepts de plus en plus simples ; du concret représenté
> (*von dem vorgestellten Konkreten*) je passerais à des entités abstraites de
> plus en plus minces (*immer dünnere Abstrakta*) jusqu'à ce que je sois arrivé
> aux déterminations les plus simples. Partant de là, il faudrait refaire le
> chemin à rebours jusqu'à ce qu'enfin j'arrive de nouveau à la population,
> qui cette fois ne serait plus la représentation chaotique d'un tout, mais une
> riche totalité de maintes déterminations et relations (*einer reichen Totalität
> von vielen Bestimmungen und Beziehungen*) [2].

L'emploi de ces conditionnels ne signifie pas qu'il est erroné de
concevoir ainsi la méthode d'analyse économique, et la fin du texte le
montre d'ailleurs assez : « c'est manifestement cette dernière méthode qui
est correcte du point de vue scientifique » [3]. Ces conditionnels indiquent
que Marx retrace imaginairement le « chemin » suivi par l'économie politique au fil de ses perfectionnements. Dans ce parcours c'est la texture des
textes qui se manifeste, leur *grain*, jusqu'à retrouver en bout de chemin les
« concepts [les] plus simples » à partir desquels s'ordonne, s'articule et,
ensuite, s'affine la représentation économiste de la société concrète réelle.
Or précisément, ce qui est ainsi exhibé par Marx s'avère n'être qu'une
représentation logiquement ordonnée, donc une totalité en pensée, ou un

---

1. C'est le progrès de Smith à Ricardo, ce dernier mettant en théorie sur le même plan la
diminution des « frais de fabrication des chapeaux » et celle des « frais de l'entretien des
hommes », cf. *Misère de la philosophie*, in *Œuvres. Économie I*, p. 26. On sait que Marx voit
fonctionner (ou fictionner) le même processus d'abstraction, de l' « Anglais qui transforme
les hommes en chapeaux, [à] l'Allemand qui transforme les chapeaux en idées » (*ibid.*, p. 73),
donc de Ricardo à Hegel.
2. K. Marx, *Introduction générale...*, in *Grundrisse...*, t. I, p. 34 (trad. modifiée pour
« *vorgestellten Konkreten* » que J.-P. Lefebvre traduit par « concret de la représentation »).
3. *Ibid.*, p. 35. On peut en conclure avec G. Duménil que, du point de vue de Marx, « La
vraie critique de l'économisme ne se situe pas dans la négation de l'existence possible d'une
économie, comme science, mais dans la dénonciation de pratiques analytiques qui prétendent
rendre compte de la réalité sur la base des seuls concepts de cette science, ceux de valeur, de
prix, de capital..., et de mécanismes purement économiques, comme la concurrence sur les
marchés capitalistes », in *Lire Marx, op. cit.*, « Troisième partie. Économie », p. 194.

« concret pensé (*geistig Konkretes*) » [1], ce qui ne signifie pas, loin de là, une pensée-du-concret mais seulement une unité synthétique de pensée. Le chaos initial n'est donc pas dépassé par ce progrès théorique, le seul qu'ait jamais effectué l'économie politique, et que Marx lui accorde entièrement [2]. Il ne suffit pas en effet de produire un tout riche en déterminations pour reproduire la structure du réel ; il faut, au contraire, reconnaître qu'un tel tout n'est par lui-même qu'un tout *pensé*, et que son procès d'élaboration « n'est nullement le procès de la genèse du concret lui-même » [3]. L'histoire des théories n'est pas l'histoire des sociétés, et une théorie peut être logiquement cohérente mais pratiquement mystificatrice. L'analyse de la trame des textes économiques est donc pour Marx l'occasion de faire éclater l'évidence d'un pur et simple reflet entre l'histoire de la théorie économique et l'historicité du concret réel, ou entre la cohérence logique et la compréhension effective du réel. Cette évidence est l'idéologie, la mystification même.

L'apport d'une telle herméneutique de la représentation économiste apparaît clairement, dans ce même passage de l'Introduction de 1857, sur l'exemple du « travail en général » ou « travail tout court ». Au départ, en effet, s'affirme l'évidence de cette catégorie simple : « Le travail semble être une catégorie toute simple. La représentation du travail dans cette universalité – comme travail en général – est elle aussi des plus anciennes » [4]. Cependant, brouillant cette évidence naturelle, Marx montre que cette catégorie n'est pratiquement vraie que dans un dispositif théorique précis, celui d'Adam Smith, parce qu'il n'est lui-même que le *reflet* d'une époque précise : « Ainsi l'abstraction la plus simple, que l'économie politique moderne place au premier rang et qui exprime à la fois une relation très ancienne et valable pour toutes les formes de société, n'apparaît pourtant sous cette forme abstraite comme vérité pratique qu'en tant que catégorie de la société la plus moderne » [5]. On reconnaît là la critique de l'éternitarisme des catégories de l'économie politique ; une critique reprise dans de nombreux passages de l'œuvre de Marx et soulignée par tous les

---

1. *Ibid.,* p. 36 (J.-P. Lefebvre traduit par « concret de pensée »).

2. La lecture de l'historique de la « voie qu'a prise […] l'économie à sa naissance » nous en convainc : son premier moment consiste à « commenc[er] toujours par la totalité vivante : la population, la nation, l'État, plusieurs États, etc. », et le second, à découvrir « un certain nombre de relations générales et abstraites » à partir desquelles « ont commencé les systèmes économiques », *Grundrisse...,* t. I, p. 35.

3. *Ibid.*

4. *Ibid.,* p. 38.

5. *Ibid.,* p. 39.

commentateurs [1]. Le point à souligner est qu'elle repose sur l'analyse du dispositif de la *Vorstellung :* en tant qu'abstraction, l'économie politique ne peut être vraie que si la société dont elle reflète l'image est elle-même fondée sur l'abstraction, et sa véracité ne fait alors que redoubler l'abstraction d'un état de fait historique sans rien *comprendre* de ses causes, de sa structure articulée (*Gliederung*), aussi n'est-ce, comme Marx l'écrit, qu'une véracité « pratique » factuelle abstraite de sa structure causale, c'est-à-dire, aussi bien, un aveuglement théorique.

Ainsi devient-il clair que si le savoir de l'économie politique n'est pas le reflet du réel *concret*, ce n'est pas essentiellement parce qu'il est entaché d'une grossièreté naïve (c'est aussi cela à ses débuts, chez les Mercantilistes et les Physiocrates, et il y a effectivement des progrès en économie [2]), mais c'est parce qu'il n'est que le simple « contretype » d'une abstraction *réelle*, celle de l'aliénation du travail dans la société bourgeoise, « une abstraction qui chaque jour se traduit en actes dans le procès social de la production » [3] et dont l'économie politique proclame la naturalité.

Suivons Marx dans l'analyse du grain de cette représentation abstraite d'une réalité historique elle-même « abstraite », autrement dit, dans la recherche du principe de l'économie politique. Mais avant de lire le détail de cette analyse, rappelons que cette lecture a pour objet de montrer que c'est encore l'ontologie de la vie riche-sensible qui ouvre à la critique

---

1. Voir en particulier *Misère de la philosophie* (1847), II. 1, *op. cit.,* p. 74 : « Les économistes expriment les rapports de la production bourgeoise [...] comme des catégories fixes, immuables, éternelles » ; et *Grundrisse...*, « Chapitre du capital », t. II, p. 101-109.

2. Cf. *Introduction...*, in *Grundrisse...*, t. I, p. 38 : « Adam Smith a réalisé un énorme progrès en jetant au panier tout caractère déterminé de l'activité productrice de richesse : travail tout court, [ce] n'est ni le travail manufacturier, ni le travail commercial, ni le travail agricole, mais aussi bien l'un que l'autre ». *Cf.* également, dans la *Critique de l'économie politique* (1859), l' « Historique » de l'analyse de la marchandise depuis W. Petty jusqu'à Ricardo, « parachevant l'économie politique moderne » (*Œuvres. Économie I,* p. 315), en passant d'abord par « un homme du nouveau monde », B. Franklin, homme d' « un sol qui compensait par une *surabondance d'humus* son manque de tradition historique » (p. 309) – ce qui est une autre façon de dire que les « progrès » de l'économie politique reflètent les progrès du capitalisme et de lui seul.

3. K. Marx, *Critique de l'économie politique*, in *Œuvres. Économie I*, p. 281. Marx écrit par ailleurs, dans le « Chapitre du capital » des *Grundrisse*, « Le développement exact du concept de travail est indispensable puisque c'est le concept fondamental de l'économie moderne, tout comme le capital lui-même, dont le concept est le contretype abstrait, est le fondement de la société bourgeoise », *Grundrisse...*, t. I, p. 270.

marxiste son horizon, dans les *Manuscrits de 1844* en premier lieu et ensuite dans toute l'œuvre de Marx.

LA RECHERCHE DU PRINCIPE DE L'ÉCONOMIE POLITIQUE
DANS LES *MANUSCRITS DE 1844*

Après avoir, dans le premier manuscrit, cité et commenté longuement Smith, Say et Ricardo, et en particulier leurs théories du salaire, du capital et de la rente foncière, Marx écrit :

> Nous sommes partis des présuppositions de l'économie [politique]. Nous avons accepté sa langue et ses lois (*ihre Sprache und ihre Gesetze*) [...]. À partir de l'économie [politique] elle-même, *dans les termes qui sont les siens* (mit ihren eignen Worten), nous avons montré que le travailleur est rabaissé au rang de marchandise, et de la marchandise la plus misérable, que la misère du travailleur est en rapport inverse de la puissance et de la grandeur de sa production [1].

Il s'est donc agi de reproduire *à la lettre* (Marx y insiste) la description économiste de l'état de fait, qui est l'état de paupérisation croissante, tant matérielle que spirituelle, des ouvriers (ce que Hegel nommait, on s'en souvient, la « *Stumpfheit* » de l'ouvrier, son abrutissement extrême [2]). Mais l'exigence critique s'affirme aussitôt, lorsque Marx ajoute que « L'économie [politique] part du fait de la propriété privée. Elle ne nous l'explique pas [...]. Elle ne *conçoit* (begreift) pas ces lois, c'est-à-dire qu'elle ne montre pas comment ces lois proviennent de l'essence de la propriété privée » [3].

---

1. K. Marx, *M. E-Ph. 1844*, premier manuscrit, p. 116 ; MEGA², I, 2, p. 363 (nous soulignons « mit ihren eignen Worten) »).

2. On trouverait donc dans ce commentaire, sous la plume de Marx lui-même, matière à alimenter à nouveau « l'interminable débat » avec Hegel, mais il ne faut pas oublier que Marx parle ici avec les « propres termes » de l'économie politique.

3. *Ibid.*, p. 116 ; MEGA², I, 2, p. 363 : « *die Nationalökonomie geht vom Factum des Privateigenthums aus. Sie erklärt uns dasselbe nicht [...]. Sie* begreift *diese Gesetze nicht, d.h. sie zeigt nicht nach, wie sie aus dem Wesen des Privateigenthums hervorgehn* ». Il ne faudra pas moins des trois livres du *Capital* pour que Marx, lui, s'autorise à écrire : « nous voici enfin arrivés aux *formes apparentes* qui servent de point de départ à l'économiste vulgaire. [...], le mouvement apparent s'explique » (Avant-propos au livre III du *Capital*, in *Œuvres. Économie II*, p. 879). L'explication en question est fournie par les lois du livre III qui lient taux de profit, taux de plus-value, capital constant et capital variable (cf. *infra*).

Comment devons-nous concevoir nous-mêmes que l'économie politique ne possède pas le concept de ce qu'elle décrit pourtant fort minutieusement ? Cela ne peut pas vouloir dire que le langage de l'économie manquerait de certains concepts fondamentaux, puisque Marx reconnaît au contraire à chaque économiste ses acquis théoriques majeurs : à Smith la différence entre valeur d'usage et valeur d'échange, à Ricardo celle entre capital fixe et capital circulant, etc. Ce que Marx entend souligner est, en fait, qu'aucun de ces concepts n'est conforme à l'exigence eidétique qui est la sienne. Pour mieux approcher cette exigence il faut commenter l'ensemble du paragraphe : « L'économie [politique] part du fait de la propriété privée. Elle ne nous l'explique pas. Elle perçoit le processus *matériel* de la propriété privée que celle-ci parcourt dans la réalité et elle l'exprime en formules générales, abstraites qui valent ensuite pour elle en tant que *lois*. Elle ne *conçoit* pas ces lois [...] ». Les concepts économistes sont donc des généralités abstraites, des lois de fonctionnement qui décrivent – avec de plus en plus de "fidélité" – la réalité. Mais une telle collecte de données n'a rien à voir avec une compréhension effective du réel, qui devrait quant à elle recueillir le donné *selon son mode d'être* pour discerner son essence. Décrire n'est pas comprendre. Le croire, ou vouloir le croire, c'est inévitablement naturaliser le système théorique que l'on construit sur cette présupposition, et c'est éterniser la réalité dont ce système est le miroir[1].

On peut reprendre ici, en substance, le commentaire que Friedrich Engels a donné, dans sa « Préface » au livre II du *Capital*, de l'apport fondamental de Marx aux théories de la plus-value. La différence entre décrire et comprendre un phénomène économique est en effet exactement celle que Engels a mise en évidence en évoquant, par métaphore, l'apport de Lavoisier à la chimie, à savoir la différence entre « produire » de l'oxygène tout en l'interprétant encore, en fonction des catégories existantes, comme « phlogistique » (celui-ci représentant imaginairement le pseudo-concept d'un élément naturel fort propre à la combustion), et « découvrir » l'oxygène – ce que fit Lavoisier, en dénaturalisant par là toute la chimie[2].

---

1. Présupposition tout simplement naïve semble-t-il, mais qui est pour Marx une *décision idéologique* (cf. *Misère de la philosophie*, II, 1 « La méthode de l'économie politique », 7ᵉ Observation : « les économistes *veulent* faire passer pour naturels et partant éternels [les rapports de production dans la société bourgeoise] », in *Œuvres. Économie I*, p. 89 (nous soulignons).

2. *Cf.* F. Engels, « Préface au livre II du *Capital* », in *Karl Marx – Friedrich Engels. Textes sur la méthode de la science économique, op. cit.*, p. 219-233. L. Althusser commente à

On dira, en suivant cette piste interprétative, que les économistes qui ont décrit l'état de fait social ont « produit » des pseudo-concepts empiristes – tels que travail, rente, capital fixe ou circulant, valeurs d'usage et d'échange –, mais qu'ils n'ont jamais « découvert » la nécessité essentielle de ces concepts, et cela, non par un aveuglement accidentel mais du fait même de leur méthode et parce qu'ils sont restés prisonniers d'un horizon métaphysique bien défini qu'il faut encore reconnaître.

Cet horizon métaphysique se précisera à la lecture d'un passage de la *Recherche sur la nature et les causes de la richesse des nations* d'Adam Smith, qui est cité par Marx dans le troisième des *Manuscrits* [1]. Ce passage est exemplaire parce que Smith s'y propose effectivement d'expliquer l'origine de la propriété privée, donc de reconduire les faits observables dans la société bourgeoise à leur essence (car il est bien évident que lorsque Marx écrit que l'économie politique « ne nous explique pas » la propriété privée, cela ne signifie pas qu'elle n'évoque jamais son origine, mais que toutes ses tentatives d'explication demeurent prises dans le naturalisme et l'approche éternitaire qui caractérisent sa méthode et sa métaphysique implicite). S'interrogeant donc sur l'origine de la propriété privée, Smith construit la "robinsonade" suivante :

> Par exemple, dans une tribu de chasseurs ou de bergers, un individu fait des arcs et des flèches avec plus de célérité et d'adresse qu'un autre. Il troquera fréquemment ces objets avec ses compagnons contre du bétail ou du gibier, et il ne tarde pas à s'apercevoir que, par ce moyen, il pourra se procurer plus de bétail et de gibier que s'il allait lui-même à la chasse. Par calcul d'intérêt donc, il fait sa principale occupation des arcs et des flèches, et le voilà devenu une espèce d'armurier.

Et Smith en conclut que

> c'est ce penchant à troquer qui donne lieu à cette diversité des talents, si remarquable entre hommes de différentes professions, c'est aussi ce même penchant qui rend cette diversité utile [2].

Pour Smith l'origine de la division du travail et de la propriété privée est donc tout à fait claire : elle réside dans la nature humaine, car ce « penchant

son tour le texte de Engels dans son étude sur « L'objet du capital », in *Lire Le Capital*, t. II, *op. cit.*, p. 114-126 (le texte de Engels est cité aux p. 116-118).

1. K. Marx, *M. E-Ph. 1844*, p. 188-190 ; MEGA², I, 2, p. 429-431.

2. A. Smith, *An Enquiry...*, *op. cit.*, cité par Marx, *M. E-Ph. 1844*, p. 189 ; trad. fr. G. Garnier, *Recherches sur la nature et les causes de la richesse des nations*, Paris, G.F.-Flammarion, 1991, t. I, p. 83-84.

à troquer » (ou « penchant à trafiquer » comme il l'écrit aussi) est « naturel à tous les hommes »[1] en tant que penchant de « l'égoïsme ». L'homme est donc un animal *naturellement privatif*, aussi est-ce par le libre jeu de leur égoïsme que les hommes sont *toujours* naturellement enclins à posséder, à trafiquer, etc., ce qui en définitive se révèle profitable à l'espèce et accroît l'étendue du marché.

Cette explication constitue un parfait exemple d'une interprétation conduite par l'économie politique sous un horizon métaphysique ininterrogé, celui de l'évolutionnisme. Son présupposé central est que le chasseur et le pêcheur sont toujours-déjà *en germe* des capitalistes, et que l'histoire n'est que le procès d'épanouissement de cette disposition naturelle. On se souvient que Kant a circonscrit le problème théorique inhérent à une telle métaphysique de l'histoire et qu'il est parvenu aussi à lui apporter une solution[2] ; un système conceptuel sera dès lors fermement en place pour offrir une solution toute prête aux enquêtes des successeurs d'Adam Smith. Mais, de ce jeu entre les progrès de la raison et les penchants passionnels, donc de ces aventures de la *psukhè* moderne, Marx refuse par principe le terrain et l'utopie :

> Ne nous plaçons pas dans la fiction d'un état originel (*in einen erdichteten Urzustand*), comme le fait l'économiste national [ou politique] lorsqu'il veut fournir une explication. Un tel état originel n'explique rien. Il déplace seulement la question vers un horizon gris et nébuleux. Il admet sous la forme d'une donnée de fait, d'un événement cela même qu'il doit déduire (*Er unterstellt in der Form der Thatsache, des Ereignisses, was er deduciren soll*), à savoir le rapport nécessaire entre deux choses, par exemple entre la division du travail et l'échange[3].

---

1. A. Smith, *op. cit.*, p. 81.

2. Ce problème pourrait se formuler ainsi : comment des égoïsmes naturels peuvent-ils engendrer une société, un être-ensemble ? Kant, en recourant au concept d' « insociable sociabilité » et en argumentant que l'égoïsme asocial concourt sans le savoir à l'avènement d'un « plan de nature » qui n'est autre que le social, a résolu ce problème ; *cf.* son *Idée d'une histoire universelle du point de vue cosmopolitique* (1784) – écrit postérieur donc à l'*Enquête...* de Smith (1776). Hegel parachèvera à sa manière ce système en remplaçant le « plan de nature » par une « ruse de la raison » et en reconnaissant à l'intérêt des particuliers et à leurs passions le rôle de moteur de l'histoire (cf. *La raison dans l'histoire*). Smith lui-même tente de résoudre ce problème par sa « morale de la sympathie » (voir sa *Theory of Moral Sentiments*, 1759) : ce "*sun-pathein*" moderne est une composition des intérêts égoïstes se comprenant les uns les autres et par là même se tolérant les uns les autres. Sympathie morale et jeu des égoïsmes guidés par une « main invisible » s'accordent donc parfaitement chez Smith.

3. K. Marx, *M. E-Ph. 1844*, premier manuscrit, p. 117 ; MEGA², I, 2, p. 364.

La dernière phrase citée formule avec clarté le soupçon que l'herméneutique marxiste fait porter sur le texte de l'économie politique : Marx lui reproche d'introduire subrepticement l'*eidos*, la forme ou l'essence, dans le donné, au lieu de réduire par l'analyse le donné à son essence. De cette violence théorique naît la fiction du chasseur ou du pêcheur [1], celle-là même que reprendra également Ricardo. La critique de l'économie politique ne consiste donc pas en une réfutation de la capacité de cette économie à rendre compte de l'état de fait. Marx, tout au contraire, répète cette description et même, en un sens, insiste pour ne pas en décoller (« Nous partons d'un fait national-économique, d'un fait *actuel* », écrira-t-il [2]). Sa critique consiste en réalité à refuser de « fictionner » (*erdichten*) à partir de cet état de fait, et son refus se manifeste par la critique du langage de cette fiction :

> L'aliénation du travailleur dans son objet s'exprime, selon les lois de l'économie nationale, de la façon suivante : plus (*je mehr*) le travailleur produit, et moins il a de choses à consommer, plus il crée de valeurs, et plus il devient sans valeur et sans dignité, mieux son produit est formé, et plus le travailleur est difforme, plus son produit est civilisé, et plus le travailleur est barbare, plus le travail est puissant, et plus le travailleur devient impuissant, plus le travail est riche d'esprit, et plus le travailleur devient sans esprit et esclave de la nature [3].

Cette cascade de « plus » – de *je mehr, je geformter, je civilisirter, je geistreicher,* etc. – est doublement intéressante. Elle l'est tout d'abord parce que ce que dit ici l'économie politique *n'est pas faux*, et il n'entre pas dans le projet de Marx de le contredire ; mais elle l'est surtout parce qu'elle souligne bien que c'est la *forme* de ces lois qui est inacceptable – c'est à savoir, la forme purement *quantitative* qui est supposée donnée dans les faits. Cette forme du discours représente par elle-même la perpétuation de l'aliénation, car elle interdit (en la privant de mots) toute tentative pour penser la richesse *qualitative* du procès de travail. Aussi Marx en conclut-il, à la même page, en prenant soin de le souligner dans son texte, que « *l'économie nationale [ou politique] dissimule l'aliénation dans*

---

1. *Cf.* Aristote, *Métaph.*, M, 7, 1082 b : « J'appelle fiction la violence faite à la vérité en vue de satisfaire à une hypothèse » (trad. fr. J. Tricot).
2. Premier manuscrit, *op. cit.*, p. 117 ; MEGA², I, 2, p. 364 : « *Wir gehn von einem Nationalökonomischen gegenwärtigen Factum aus* ».
3. *Ibid.*, p. 119 ; MEGA², I, 2, p. 366.

l'essence du travail (die Nationalökonomie verbirgt die Entfremdung in dem Wesen der Arbeit)»[1].

C'est donc toujours la même détermination de l'homme comme «être naturel générique», et la même pensée de la production comme auto-production de l'homme, qui conduisent Marx à soutenir que les économistes réduisent cet homme à son «*Unwesen*», à un monstrueux non-être, et que «la contradiction de la réalité correspond pleinement à l'essence pleine de contradictions qu'ils ont connue comme le principe. La *réalité* déchirée de *l'industrie* confirme leur principe *déchiré en soi*, loin qu'elle le réfute. Leur principe est en effet le principe de ce déchirement (*Princip dieser Zerrissenheit*)»[2]. Aussi est-ce bien la même thèse fonda-mentale de la totalité qualitative de la «vie riche» de l'homme authen-tiquement humain qui guide la critique des économistes, celle de la conception hégélienne du travail et celle du sensible feuerbachien. Ce principe est la seule ressource où tous les développements des *Manuscrits* puisent leur audace, et il est également la limite qui enserre d'avance tous ces textes – car ce que nous avons dit précédemment de l'équivoque qui caractérise le «livre *ouvert* des *forces essentielles humaines*» qu'est l'industrie[3], reste évidemment applicable ici, lorsque Marx évoque «la *réalité* déchirée de *l'industrie*». Ce principe gouverne, et limite, non seulement les écrits du "jeune Marx", mais des écrits de maturité aussi exemplaires que *Le Capital* et la *Critique du Programme de Gotha,* tant il est vrai que – comme nous allons nous en assurer – toute son œuvre constitue un texte au travail, un texte attentif à son langage au point de lui confier la levée de son avenir.

---

1. *M. E-Ph. 1844,* p. 119. Ce que les *Grundrisse* nommeront «la malédiction» du travail (*cf.* «chapitre du Capital» in *Grundrisse...,* t. II, p. 101 : «tu travailleras à la sueur de ton front ! c'est la malédiction dont Jehovah a gratifié Adam en le chassant. Et c'est ainsi qu'A. Smith conçoit le travail comme malédiction») trouve donc ici son fondement. L'herméneutique des *Manuscrits* conduit à comprendre que le travail n'est «maudit» que parce qu'il est mal dit dans le texte de l'économie politique, et que ce n'est pas là une erreur, une naïveté, mais de l'idéologie.

2. *Ibid.,* troisième manuscrit, p. 141 ; MEGA^2, I, 2, p. 384.

3. Cf. *supra* chap. II, sur l'équivoque de ce passage du troisième manuscrit (= *M. E-Ph. 1844,* p. 152 ; MEGA^2, I, 2, p. 395).

LE CAPITAL ET L'ANALYSE DES FORMES

Nous avons déjà souligné que Marx, dans les premières lignes du *Capital,* refuse sans ambiguïté de s'engager dans une théorie des besoins humains car cela n'a rien à voir avec l' « affaire » en question (*ändert nichts an der Sache*), une affaire qui n'est pas autre chose que la recherche de l'essence de la marchandise. Il faut cependant analyser plus en détail le mode de cette recherche. Lisons donc les premiers mots du *Capital :*

> La richesse des sociétés dans lesquelles règne le mode de production capitaliste apparaît comme une « gigantesque collection de marchandises », dont la marchandise individuelle serait la *forme élémentaire. C'est pourquoi* notre recherche commence par l'analyse de la marchandise [1].

Il est assez remarquable que Marx commence ici, comme dans les *Manuscrits,* par une reprise du vocabulaire de l'économie politique : « La richesse des sociétés » est en effet la répétition du « *the Wealth of Nations* » d'Adam Smith. Cependant, Marx précise bien qu'il s'agit de « la richesse des sociétés dans lesquelles règne le mode de production capitaliste ». D'ores et déjà donc, l'éternitarisme des catégories de l'économie classique se trouve travaillé dans le texte, conformément à la même exigence critique que celles des *Manuscrits* et selon le même refus du fictionnement. L'affaire en question (la *Sache*) est ainsi, dès l'abord, cernée avec précision : il sera question d'analyser *un* mode de production historiquement déterminé qui s'annonce de lui-même comme une « gigantesque collection », un « entassement », de marchandises. Dans cette *Sammlung* il est aisé de déceler le rejet des harmonies économiques classiques [2], mais il est sans doute plus important encore de s'interroger sur le fait que

---

1. K. Marx, *Le Capital,* livre I, section I, chap. 1, *op. cit.,* p. 39. Texte original : « *Der Reichthum der Gesellschaften, in welchen kapitalistische Produktionsweise herrscht, erscheint als eine "ungeheure Waarensammlung", die einzelne Waare als seine* Elementarform. *Unsere Untersuchung beginnt daher mit der Analyse des Waare* », MEGA², II, 5, p. 17 (nous soulignons « *c'est pourquoi* (daher) »). Marx se cite ici lui-même ; il renvoie en effet à la première phrase de sa *Critique de l'économie politique* (1859) : « La richesse bourgeoise apparaît de prime abord comme un immense entassement de marchandises, et chaque marchandise comme la forme élémentaire de cette richesse » (in *Œuvres. Économie I,* p. 277). Voir aussi, dans le même sens, le début du livre II du *Capital :* « Le résultat immédiat du processus de la production capitaliste est une *masse de marchandises* », *Œuvres. Économie II,* p. 509. Cette répétition marque assurément la nécessité de ce commencement.

2. On pourrait dire que le concept d'harmonie économique n'est en vérité que la « représentation chaotique » de la structure accumulative du système marchand.

l'entassement « apparaît » ou « s'annonce »[1] lui-même comme tel. Qu'en est-il d'une telle annonce ? Elle est tout d'abord essentiellement phéno-ménale : l'accumulation apparaît (*erscheint*, ainsi que Marx l'écrit), mais ceci n'implique nullement que son analyse devrait se cantonner à la simple description d'un donné. Une analyse proprement eidétique doit retrouver dans la manifestation phénoménale – à savoir, ici, dans la « gigantesque collection de marchandises » – le mode d'être qui se donne co-extensi-vement aux phénomènes ; ce que les économistes classiques n'ont assu-rément pas fait, au jugement de Marx. C'est qu'il ne suffit pas de décrire pour comprendre, il faut bien plutôt s'efforcer de dégager la *forme d'être,* l'*eidos* de ce qui apparaît.

Sous la naïveté apparente d'un commencement d'allure descriptive, sous le constat de l'entassement des marchandises, c'est en fait une réelle pétition de principe qui s'énonce dans ces premières phrases du *Capital ;* une pétition que rien ne justifie sinon – aux yeux de Marx et non, bien entendu, des économistes – la méthode d'analyse choisie. Il faut donc lire ce « *daher* » comme un problème et non comme une évidence, car il y va avec lui d'une conséquence qui n'est nullement factuelle. De fait, la marchandise est dite être la « *forme* élémentaire (*Elementarform*) de la richesse » ; sa *forme* donc, et pas un *constituant* élémentaire, ce qui indique clairement que Marx considère la marchandise comme le mode d'être des constituants de la richesse bourgeoise, comme leur « comment ». C'est donc ce que Husserl nommera l'*Objekt-im-wie*, l'objet dans son comment, c'est-à-dire l'objet réduit phénoménologiquement à la tournure propre de son mode d'apparaître, qui est nommé par Marx « marchandise ». Cependant, au début du *Capital*, rien de tout ceci n'est encore démontré ; la première phrase de l'ouvrage pose simplement le principe de toute l'analyse à venir – ou plutôt, elle le risque avec une fermeté qui engage déjà toute la suite du texte. C'est donc un commencement qui, sous son appa-rente reprise du langage et du mode d'exposition des économistes[2], opère résolument le partage des positions de principe.

---

1. Selon la traduction de J. Roy (éd. G.F.-Flammarion, *op. cit.,* p. 41 : « La richesse des sociétés dans lesquelles règne le mode de production capitaliste s'annonce comme une "immense accumulation de marchandises" »).

2. *Cf.* l'*Introduction...* de 1857 : « Il est d'usage, en économie politique, de commencer par un chapitre de généralités ; celui précisément qui figure sous le titre "production", où l'on traite des *conditions générales* de toute production » (*Œuvres. Économie I,* p. 238). Si l'on considère la trilogie classique : production – distribution – consommation, on peut dire que si Marx commence bien lui aussi par la production, c'est en fait par l'analyse *formelle* d'une

On sait que la suite de cette première subdivision du chapitre I de la première section du livre I du *Capital* établit la distinction, propre à Marx, entre le « travail concret » et le « travail abstrait », et que cette distinction représente pour son auteur lui-même, avec l'analyse de la plus-value, « ce qu'il y a de meilleur dans [s]on livre »[1]. Or, comme on va le voir, cette distinction est entièrement tributaire de la réduction de la chose (l'élément constitutif de la richesse matérielle donnée) à son mode d'être dans la société bourgeoise : la marchandise, ou plus exactement la *forme-marchandise*.

Pour l'établir il est nécessaire de rappeler les principaux moments de cette réduction. Tout d'abord le premier moment, celui du recueil de l'évidence du donné : « La marchandise est d'abord un objet extérieur, une chose, qui satisfait, grâce à ses qualités propres, des besoins humains d'une espèce quelconque »[2]. Puis, par un suspens de cette évidence, donc par application de son principe méthodologique, Marx distingue le corps chosique de sa forme : « Toute chose utile, le fer, le papier, etc., doit être observée sous un double point de vue, selon sa *qualité* et selon sa *quantité*. [La valeur d'usage] est conditionnée par les propriétés de la marchandise en tant que corps et n'existe point sans ce corps. C'est donc le corps même de la marchandise [...] qui est une valeur d'usage ou un bien »[3]. Ces corps constituent « *le contenu matériel de la richesse,* quelle que soit par ailleurs sa *forme sociale* »[4] ; ce sont eux que décrit l'économie politique, qui se trouve caractérisée par là comme une science du déchirement n'ayant qu'un point de vue unilatéral sur les réalités économiques et demeurant « chaotique ».

Le dernier moment de la réduction du phénomène à son essence consiste à suspendre l'évidence des corps chosiques (ou valeurs d'usage)[5].

---

production bien déterminée : « Quand nous parlons de production, il s'agit toujours de la production à un stade déterminé de l'évolution sociale » (p. 237).

1. K. Marx, Lettre à Engels du 2 août 1867.

2. K. Marx, *Le Capital,* livre I, I, 1, *op. cit.,* p. 39 ; MEGA², II, 5, p. 17 : « *Die Waare ist zunächst ein äusserer Gegenstand, ein Ding, das durch seine Eigenschaften menschliche Bedürfnisse irgend einer Art befriedigt* »).

3. *Ibid.,* p. 40 ; MEGA², II, 5, p. 18 : « *Jeder nützliche Ding, wie Eisen, Papier u.s.w., ist unter doppeltem Gesichtspunkt zu betrachten, nach* Qualität *und* Quantität. *[...] Abkürzend nennen wir das nützliche Ding selbst oder den* Waarenkörper *[...] Gebrauchswerth, Gut, Artikel* ».

4. *Ibid.,* p. 40 ; MEGA², II, 5, p. 18 : « *Gebrauchswerthe bilden* den stofflichen Inhalt des Reichthums, *welches immer seine* gesellschaftliche Form *sei* ».

5. *Ibid.,* p. 42 : « Si l'on fait maintenant abstraction de la valeur d'usage du corps des marchandises (*Gebrauchswerth der Waarenkörper*), il ne leur reste plus qu'une seule

On se trouve alors face au « résidu des produits du travail », face à une « objectivité fantomatique » [1], ou encore face à une « *illusion d'objectivité* (gegenständliches Schein) » qui est la forme-marchandise. Ainsi, la forme-marchandise qui pouvait sembler, de prime abord, être une chose concrète, une donnée de l'économie, apparaît au terme de cette analyse comme le « résidu » de la déconstruction de l'évidence. Or ce résidu est proprement le mode d'être effectif du produit du travail dans la société capitaliste, c'est pourquoi Marx va jusqu'à évoquer un certain « caractère fétiche (*Fetischcharakter*) de la marchandise » [2] : si la valeur d'usage, c'est-à-dire le corps matériel de la chose produite, n'a en et par elle-même « rien de mystérieux », les marchandises, elles, revêtent un « caractère mystique » [3] du fait qu'elles sont des « choses sensibles suprasensibles ou *sociales (sinnliche übersinnliche oder* gesellschaftliche Dinge) » [4]. Ce sont des choses sensibles pour autant que leur essence « apparaît (*erscheint*) » co-extensivement à la réalité phénoménale des objets, mais ce sont aussi des choses sociales et suprasensibles pour autant que cette essence n'a rien d'une évidence matérielle naturelle puisque, en tant que mode d'être des produits du travail abstrait, elle ne se laisse pas purement et simplement décrire. Tout le « secret » de la marchandise réside dans cette dualité, et ne pas le dévoiler c'est croire que la valeur d'échange des marchandises est

---

propriété : celle d'être des produits du travail. Mais, même dans ce cas, le produit du travail s'est déjà transformé dans nos mains ». On est en effet passé de l'évidence simple de la chose utile à son producteur, qui est produite, du fait de son utilité immédiate, par un *travail concret,* à la non-évidence de l'essence de la marchandise, c'est-à-dire – lorsqu'on se place au stade ultime où *toute* chose n'est produite, dans sa forme-marchandise, *que* pour être échangée – à la non-évidence d'un nouveau mode d'être : être le produit d'un *travail abstrait.*

    1. *Ibid.,* p. 43. Ce texte ne figure pas dans la 1 ère éd. de *Das Kapital,* où il est seulement question de la « *Reduktion* » du travail effectif concret au « travail simple (*einfache Arbeit*) » anonyme qui se mesure en quantum de temps socialement nécessaire pour produire telle marchandise à telle époque, *cf.* MEGA^2, II, 5, p. 20. Ici, comme dans d'autres cas similaires de réécriture du texte initial, nous citons le texte des éds. ultérieures, qui sont celles sur lesquelles s'appuient les diverses trad. fr. Nous citons donc le texte de *Das Kapital, Band I,* Frankfurt-Berlin-Wien, Ullstein Buch Vg., n° 2806, 1975 (ici p. 20 : « *das Residuum der Arbeits-produkte [...], eine gespenstige Gegenständlichkeit* »).

    2. *Ibid.,* p. 83 ; MEGA^2, II, 5, p. 638, ainsi que p. 367, en titre de paragraphe : « Der Feti-schismus der Waarenform »

    3. *Ibid.,* chap. I, 4, p. 68 ; MEGA^2, II, 5, p. 44 : « *Der mystische Charakter der Waare entspringt also nicht aus ihrem* Gebrauchswerth ».

    4. *Ibid.,* p. 83 ; MEGA^2, II, 5, p. 44 et p. 637. J. Roy traduit par « choses qui tombent et ne tombent pas sous le sens, ou choses sociales », éd. G.F.-Flammarion, *op. cit.,* p. 69. J.-P. Lefebvre reprend la traduction qui avait été proposée par J. Rancière, in *Lire Le Capital, op. cit.,* t. I, p. 134.

une qualité naturelle des choses, que l'usage – et donc le besoin – conduit naturellement à échanger, à entrer dans des *rapports* d'échange ; c'est donc, ultimement – lorsque tout est produit *pour* l'échange, comme c'est le cas dans le mode de production capitaliste – naturaliser ce mode de production par une série de « subtilités métaphysiques et de lubies théologiques » [1].

Avant d'entrer plus en détail dans l'analyse des formes du *Capital*, remarquons que « chose sensible suprasensible ou sociale » ne signifie proprement *rien* et que la situation ontologique de la pensée de Marx en 1867 est la même que celle des *Manuscrits de 1844* : c'est encore une fois à la limite du non-sens que Marx porte les catégories usuelles de la tradition afin de révéler le fondement métaphysique de l'économie politique. C'est donc toujours de la recherche d'un autre concept de la sensibilité – celui qu'on peut nommer son "concept ontologique", ce qui n'est, rappelons-le, que le nom d'une question pour Marx et pour nous – qu'il s'agit dans *Le Capital* ; d'un concept du sensible qui ne serait pas simplement celui du matérialisme feuerbachien mais qui rendrait compte du mode d'être de l'homme naturel historique.

Cette définition équivoque de la forme-marchandise est le pivot du texte, donc la force de l'argumentation de Marx, dans la mesure où elle révèle que dans la naturalisation du rapport marchand capitaliste il y va de la justification de la perte de la vie générique et de l'aliénation du travail auto-producteur. En considérant les marchandises comme des choses, des objets particuliers, l'économie politique condamne l'homme sensible à la poursuite infinie du désir de posséder ceci puis cela [2], au « travail et à la

---

1. *Ibid.*, p. 81 ; MEGA^2, II, 5, p. 44 : « *voller metaphysischer Spitzfindigkeit und theologischer Mucken* ».

2. *Cf.* D. Ricardo : « Les choses, une fois qu'elles sont reconnues utiles par elles-mêmes tirent leur valeur échangeable de deux sources, de leur rareté et de la quantité de travail nécessaire pour les acquérir. [...] Le plus grand nombre des *objets que l'on désire posséder* étant le fruit de l'industrie, on peut les multiplier à un degré auquel il est presque impossible d'assigner des bornes [...]. Quand donc nous parlons de *marchandises*, de valeur échangeable, et des principes qui règlent leurs prix relatifs, nous n'avons en vue que celles de ces marchandises dont la quantité peut s'accroître par l'industrie de l'homme, dont la production est encouragée par la concurrence, et n'est contrariée par aucune entrave », *Des principes de l'économie politique et de l'impôt* (*Principles of Political Economy and Taxation*, 1817), trad. fr. P. Constancio et A. Fonteyraud, Paris, Champs-Flammarion, 1977, p. 26 (nous soulignons).

peine qu'il doit s'imposer pour l'obtenir »[1], c'est-à-dire à la malédiction du travail aliéné. Tout se joue donc dès les premières pages des traités d'économie politique, dès que la forme-marchandise est donnée pour la *réalité* des choses de l'usage, c'est-à-dire dès que respirer ou boire ne diffèrent de commercer que parce que ce sont des *rapports* naturels *gratuits*[2], ou des échanges ne nécessitant aucun travail. Or nous savons, pour avoir lu les *Manuscrits de 1844,* que respirer, boire et plus généralement être sensible, sont des ouvertures de l'homme à la nature *et* à l'histoire, que les sens de l'homme non aliéné sont « théoriciens » et leur objet un « objet social » ; écrire que la marchandise est une « chose sensible suprasensible ou sociale », c'est donc poser qu'elle a un statut théorique comparable à « l'objet essentiel ». De même que le producteur *s'auto-produit* objectivement dans la production de son objet essentiel toujours déjà social, de même, mais en inversant les polarités de valeur, le travailleur *s'aliène* dans la production de marchandises ; dans les deux cas il y va de leur être. Ce qui peut encore s'exprimer ainsi : la marchandise n'est pas une *chose* produite par l'industrie humaine, donc ce n'est pas une donnée empirique dont l'économie politique aurait simplement remarqué l'accumulation factuelle pour étudier ensuite les lois de cette accumulation (c'est effectivement ce qu'ont fait Smith, Say et Ricardo en repérant des choses-marchandises dans le produit de tout travail, depuis l'arc du chasseur jusqu'à l'épingle produite en série). Loin d'être une chose, la marchandise comprise, comme le fait Marx, comme « chose sensible suprasensible ou sociale » s'avère en fait capable de *contaminer* de son mode d'être toute ouverture sensible à ce

1. A. Smith, *An Inquiry...*, *op. cit.*, chap. v, p. 99. Le texte se poursuit ainsi : « Ce que chaque chose vaut réellement pour celui qui l'a acquise et qui cherche à en disposer ou à l'échanger pour quelque autre objet, c'est la peine et l'embarras que la possession de cette chose peut lui épargner et qu'elle lui permet d'imposer à d'autres personnes », cité par Ricardo, *Des principes...*, p. 26-27.
2. A. Smith, « Il n'y a rien de plus utile que l'eau, mais elle ne peut presque rien acheter ; à peine y a-t-il moyen de rien avoir en échange. Un diamant, au contraire, n'a presque aucune valeur quant à l'usage, mais on trouvera fréquemment à l'échanger contre une très grande quantité d'autres marchandises », *op. cit.*, chap. iv, p. 96-97. *Cf.* également la reprise de ce thème par Ricardo, *op. cit.*, p. 25 ; ainsi que J.-B. Say : « Les hommes jouissent de certains biens que la nature leur accorde gratuitement, tels que l'air, l'eau, la lumière du soleil ; mais ce ne sont pas ces biens auxquels, dans l'acception commune, ils donnent le nom de *richesses.* Ils le réservent pour ceux qui ont une valeur qui leur est propre, et qui sont devenus la propriété exclusive de leurs possesseurs, etc. » ; ce sont les premières lignes de son *Traité d'économie politique* (1803), Paris, Guillaumin, 1876, livre I, chap. 1, p. 59.

que les *Manuscrits* nommaient « l'objet essentiel » de l'homme[1]. La marchandise est alors *l'Unwesen, le non-être de l'objet essentiel,* et c'est pourquoi elle est dite être une « forme », nommément la « forme-marchandise » en tant que « réalité fantomatique »[2]. Il s'ensuit que *le mode de production dans lequel s'accumulent les marchandises est le mode de production de l'Unwesen de l'auto-production,* il produit et reproduit la pauvreté absolue, celle qui signifie la perte de l'humain proprement dit, le déchirement de la vie générique.

Tel est l'enjeu de l'analyse de la marchandise comme « forme élémentaire (*Elementarform*) » de la richesse marchande. Il s'agit bien, comme l'annonçait le fragment méthodologique de l'Introduction de 1857, d'analyser le grain de l'image de la société donnée par l'économie politique. On découvre ainsi, en lisant Marx, que le concept *économique* de marchandise – celui donc de Smith, Ricardo, Say, etc. – n'est pas l'image même des choses, mais seulement la répétition d'une certaine abstraction historique effectivement bien réelle, qui est la forme-marchandise des produits de la production et de l'échange capitalistes, car, « dans une société dont les produits prennent *généralement* la forme de *marchandises,* c'est-à-dire dans une société de producteurs de marchandises, [la] différence qualitative entre les travaux utiles qui sont effectués indépendamment les uns des autres [...] se développe en un système aux

---

1. Sur ce thème de la contamination de la vie générique, ou du « mal symbolisé par l'État et l'Argent », *cf.* l'Introduction de M. Rubel à son éd. des *Œuvres. Économie II,* p. XLIV-XLVI.

2. Cette inversion entre « l'objet essentiel » de l'homme naturel-social des *Manuscrits* et la marchandise analysée dans *Le Capital* comme son *Unwesen,* est ce que l'interprétation althussérienne ne peut évidemment saisir. J. Rancière écrit par exemple, en reprenant à son compte cette interprétation : « Nous ne pouvons plus avoir [dans *Le Capital*] un couple sujet-objet semblable à celui des *Manuscrits.* Dans ce texte, le terme de *Gegenstand* était pris dans un sens sensualiste [?]. Ici ce n'est plus qu'un fantôme [...]. Ce qui prend la forme d'une chose ce n'est pas le travail comme activité d'un sujet ; c'est le *caractère social du travail.* Et le *travail humain* dont il est ici question n'est le travail d'aucune subjectivité constituante. Il porte la marque d'une structure sociale déterminée » (in *Lire Le Capital, op. cit.,* t. I, p. 134, souligné par l'auteur). C'est donc, une fois encore, l'identification pure et simple de l'ontologie des *Manuscrits de 1844* et de celle de Feuerbach qui conduit à la critique de J. Rancière, En opposition à ce type d'interprétation, nous avons montré que l'objet du travail humain est déjà, dans les *Manuscrits de 1844,* un « objet social » (*cf.* troisième manuscrit, *M. E-Ph. 1844,* p. 150 et *supra* chap. II), qu'il n'est jamais simplement conçu comme un objet sensible en rapport avec un sujet producteur, mais qu'il est pris avec lui dans l'ouverture apriorique d'un « être immédiatement de la nature » qui est aussi *histoire,* et enfin, que tout ceci se gagne au sein d'une équivocité du langage dont nous retrouvons ici, dans *Le Capital,* la trace active.

articulations multiples, en une division sociale du travail»[1]. Le déplacement conceptuel de la marchandise à la forme-marchandise ne se comprend donc que si l'on entend la détermination des «*sinnliche übersinnliche oder gesellschaftliche Dinge*» comme l'énoncé de l'essence ou de la forme des produits de l'auto-production aliénée, et comme un énoncé qui ne s'obtient que dans la difficulté la plus extrême du langage dont l'ensemble du *Capital* porte la marque.

Un exemple frappant de cette difficulté se trouve au début du passage du livre I du *Capital* qui est visiblement celui dont la conception et l'écriture ont le plus longuement mis Marx à la peine. Il s'agit des pages qu'on lit aujourd'hui sous le titre «La forme-valeur ou la valeur d'échange», et qui constituaient dans la première édition de 1867 (avant donc que Marx ne les retravaille en vue d'éditions futures du livre I du *Capital*) le «Complément» final spécifiquement dédié à l'explication de la «forme-valeur (*Werthform*)»[2] – Marx y écrit :

> Les marchandises viennent au monde sous la forme de valeurs d'usage ou de denrées matérielles (*Waren kommen zur Welt in der Form von Gebrauchswerten oder Warenkörpern*). C'est leur forme naturelle banale. Elles ne sont cependant marchandises que parce qu'elles sont quelque chose de double (*Doppeltes*), à la fois objets d'usage et porteurs de valeur (*Gebrauchsgegenstände und zugleich Wertträger*[3].

---

1. K. Marx, *Le Capital*, livre I, I, 1, *op. cit.*, p. 48 ; MEGA², II, 5, p. 23 : «*In einer Gesellschaft, deren Produkte* allgemein *die Form der* Waare *annehmen, d.h. in einer Gesellschaft von Waarenproducenten, entwickelt sich dieser qualitative Unterschied der nützlichen Arbeiten [...] zu ein em vielgliedrigen System, zu einer gesellschaftlichen Theilung der Arbeit*». Il est bien certain qu'on a échangé des marchandises *avant* l'instauration et le développement du capitalisme. Mais ce qui est nouveau avec la société capitaliste, comme Marx y insiste ici, c'est que, du fait de la propriété privée des moyens de production, *tout* producteur *doit* produire des marchandises, donc que le travailleur qui, pour sa part, ne possède plus les moyens de sa production *doit vendre* la seule marchandise qui lui reste, sa «force de travail». Voir sur ce point É. Balibar, *La philosophie de Marx, op. cit.*, chap. II-III.

2. *Cf.* MEGA², II, 5, «*Anhang zu Kapitel I, 1 : Die Werthform*», p. 626-649. À partir de la 2ᵉ éd. du *Capital* cet *Anhang*, réécrit et développé, a été intégré au texte principal et est devenu le § 3 du chap. 1 de la première section. C'est ce texte que reprennent les trad. fr. du livre I du *Capital* (dès celle de J. Roy). Le texte que nous allons citer (dans l'orthographe moderne) provient de la réélaboration, par Marx, du premier *Anhang*. Il ne figure donc pas dans l'éd. MEGA², II, 5 (= 1ʳᵉ éd. de *Das Kapital*), mais nous indiquerons les passages parallèles.

3. K. Marx, *Le Capital*, livre I, I, 1, § 3, *op. cit.*, p. 53-54 (= Ullstein Buch, *op. cit.*, p. 29, c'est le texte de cette éd. que nous citons). Ce passage est absent de la 1ʳᵉ éd., qui faisait seulement une allusion rapide au cas de la toile : «*Leinwand kömmt auf die Welt in Gestalt eines Gebrauchswerths oder nützlichen Dings*». Mais le début de l'*Anhang* de 1867 était plus

Il est clair – il n'est même que trop clair – que les premiers mots (qui sont repris de l'évocation de la toile dans la première édition) naturalisent *volens nolens* la forme-marchandise, pour autant qu'elle est sensée "venir au monde", alors que la suite du texte vise, tout à l'opposé, à la différencier de toute forme naturelle en insistant sur la dualité des marchandises. La même difficulté de langage est encore lisible dans la définition de la valeur d'usage comme « corps de la marchandise (*Waarenkörper*) »[1], par opposition à la valeur d'échange : « À l'opposé complet de l'épaisse objectivité sensible des denrées matérielles, il n'entre pas le moindre atome de matière naturelle dans leur objectivité de valeur »[2]. De fait, ces définitions procèdent d'une opposition entre nature et société, utilité et échange, ou matière et forme, qui reste très en deçà de ce que Marx tente d'atteindre. À strictement parler, la valeur d'usage n'est pas une forme plus "naturelle" que la valeur d'échange[3], et la marchandise n'est pas, en tant que « *Wertträger* », une forme naturelle "portant" *de plus* une valeur d'échange (sa dualité n'est pas une somme). Certes, la forme-valeur n'a rien à voir avec la matière, mais elle n'a rien à voir non plus avec la forme opposée à la matière. Si ce que nous avons dit précédemment à propos de la détermination de la marchandise comme « chose sensible suprasensible ou sociale » a un sens, la conséquence en est que la *Wertform est l'eidos* de la valeur dans la société capitaliste et que *l'utilité n'a pas de valeur*, ou qu'elle n'en a que pour l'économie politique qui analyse la marchandise comme une chose utile *et* échangeable. Pour mieux cerner le déplacement que

---

précis : « *Die Analyse der* Waare *hat gezeigt, dass sie ein* Doppeltes *ist,* Gebrauchswerth *und* Werth. *Damit ein Ding daher* Waarenform *besitze, muss es* Doppelform *besitzen, die* Form eines Gebrauchswerths *und* die Form des Werths », *MEGA²*, II, 5, « *Anhang...* », p. 626.

1. Par exemple en MEGA², II, 5, p. 626 : « *Die* Form des Gebrauchswerths *ist die Form des* Waaren*körpers selbst, Eisen, Leinwand, u.s.w.* ».

2. *Ibid.*, p. 54 (= Ullstein Buch, p. 29). On lisait simplement dans la 1 ère éd., à propos de la toile : « *Ihre steifleinene Körperlichkeit oder* Naturalform *ist daher nicht ihre* Werthform, *sondern deren grades Gegentheil* », MEGA², II, 5, p. 29.

3. Cette faiblesse dans la pensée de Marx a été soulignée par J. Baudrillard dans son ouvrage *Le miroir de la production* : « C'est là où l'analyse marxiste prend toute sa force que se marque aussi sa défaillance : dans la distinction de la valeur d'usage et de la valeur d'échange, [dans] la présupposition de la valeur d'usage, c'est-à-dire *l'hypothèse,* au-delà de l'abstraction de la valeur d'échange, d'une *valeur concrète* », Paris, Casterman, 1973, p. 12. Cette reconnaissance de l'équivocité du texte n'autorise cependant pas (elle devrait même en dissuader tout à fait) à rabattre Marx dans le modèle simulateur de l'économie politique et à écrire, avec Baudrillard, qu' « il y a surdétermination métaphysique de l'homme comme producteur par le code de l'économie politique » (*ibid.*, p. 21). Le travail opéré par Marx sur le concept d'auto-production dans les *Manuscrits de 1844* suffit à lui seul à invalider l'hypothèse de cette « surdétermination » massive.

l'analyse eidétique du *Capital* effectue par ce difficile travail des catégories de l'économie politique, il faudrait peut-être écrire que la marchandise n'a pas de valeur, ni de double valeur (d'usage et d'échange), mais qu'elle *est* valeur – au sens où son mode d'être (qui est apparemment l'objectivité) est atteint, ou contaminé, par la valeur. C'est ce que le texte de Marx semble impliquer pour peu qu'on souligne le travail qu'il effectue à l'endroit des catégories usuelles.

Revenons à l'analyse de la phrase qui vient d'être citée dans la traduction de Jean-Pierre Lefebvre : «À l'opposé complet de l'épaisse objectivité sensible des denrées matérielles, il n'entre pas le moindre atome de matière naturelle dans leur objectivité de valeur», et lisons-la dans sa version originale : «*Im graben Gegenteil zur sinnlich groben* Gegenständlichkeit *der Warenkörper geht kein Atom Naturstoff in ihre* Wertgegenständlichkeit *ein*»[1]. Sa première version, dans l'édition de 1867, pointait, plus brièvement, la différence d'attitude radicale entre celui qui veut utiliser de la toile pour son besoin propre et celui qui entend en faire une marchandise à échanger : le premier s'intéresse à «l'objectivité d'usage» de la toile, le second, à son «objectivité-de-valeur» seulement[2].

Ce concept de «*Wert(h)gegenständlichkeit*», dont c'est la toute première occurrence dans *Le Capital*, avait été fort étrangement traduit par Joseph Roy par le simple terme de «valeur»[3]. Pourtant, son contraste frappant avec l'objectivité (*Gegenständlichkeit*) de ce que Marx nomme le «corps de la marchandise (*Waarenkörper*)», c'est-à-dire avec l'objectivité de la chose de l'usage (car c'est bien de la *Gebrauchsgegenständlichkeit* qu'il s'agit avec le *Waarenkörper* : le vêtement que l'on porte, etc.), indique sans aucun doute qu'il ne faut pas simplement comprendre «l'objectivité de valeur des marchandises», (la *Werthgegenständlichkeit der Waaren*), comme l'indication d'un attribut des choses-marchandises mais, très littéralement, comme «l'objectivité des marchandises-en-tant-que-valeurs», comme leur mode d'être propre. De ce mode d'être, le texte de Marx précise encore : «*ihre Wertgegenständlichkeit [...] rein gesellschaftlich ist [...], sie nur im gesellschaftlichen verhältnis von Ware zu*

---

1. *Le Capital*, I, I, 1, § 3, *op. cit.*, p. 54 (= Ullstein Buch, p. 29, avec l'orthographe moderne pour *Wert* et *Ware*).

2. Marx écrit du second : «*Er dient ihr nur dazu, ihre Werthgegenständlichkeit im Unterschied von ihrer steifleinenen Gebrauchsgegenständlichkeit darzustellen*», in MEGA², II, 5, p. 31.

3. *Le Capital*, livre I, trad. fr. J. Roy, *op. cit.*, p. 50. À la même page J. Roy traduit aussi *Werthgegenständlichkeit* par «la réalité que possède la valeur de la marchandise»).

Ware erscheinen kann» [1]. Le mode d'être de la marchandise est ainsi « purement social », c'est pourquoi il demeure inaccessible à l'économie politique qui assimile choses et marchandises, air et richesses, tout en les différenciant par la présence ou l'absence d'un attribut particulier, la valeur d'échange.

L'enjeu du concept fascinant de « *Werthgegenständlichkeit* » est donc essentiel : en le forgeant Marx entend pointer nettement la différence eidétique entre le mode d'être de la chose (*Objekt, Ding*) et celui de la marchandise (*Waare*). La première peut, conformément à sa *Gegenständlichkeit*, être considérée seule, pour elle-même, alors que la seconde a d'emblée un *eidos* social, qui est sa forme-valeur. Voilà pourquoi Marx écrit qu'« on aura beau tourner et retourner une marchandise singulière (*eine einzelne Ware*) dans tous les sens qu'on voudra, elle demeurera insaisissable en tant que chose-valeur (*Wertding*) » [2].

En résumé il faut convenir de ceci que, dans la phrase même où Marx oppose la matière et la forme – où il oppose donc le corps de la marchandise et sa valeur – c'est-à-dire, alors qu'il use encore des oppositions classiques du langage de la tradition philosophique, il tente véritablement de penser la forme-valeur comme *eidos,* autrement dit comme un mode d'être étranger à l'opposition de la matière à la forme (et c'est pourquoi ce mode d'être relève de ce que nous appellerons une "objectivité sociale"). Telle est l'équivoque du texte qui vient d'être analysé, ce texte qui apparaît – malgré, ou grâce à, cette équivoque – comme essentiel dans la mesure où il opère un déplacement décisif par rapport à l'économie politique. Le travail opéré sur la notion d'objectivité implique en effet que la forme-marchandise et la forme-valeur ne peuvent être dévoilées que par l'analyse d'une structure sociale de production bien déterminée [3] qui dégagera une unité de sens permettant de comprendre réellement ces deux concepts.

On sait que cette unité de sens est, dans la société capitaliste, le travail humain abstrait, puisque « les marchandises n'ont d'objectivité de valeur,

---

1. Selon le texte de l'éd. Ullstein Buch, *op. cit.,* p. 29 ; trad. fr. J.-P. Lefebvre, *Le Capital, op. cit.,* p. 54 : « leur objectivité de valeur est [...] purement sociale, il va dès lors également de soi que celle-ci ne peut apparaître que dans le rapport social de marchandise à marchandise ».

2. *Ibid.*

3. Si l'objectivité des marchandises est sociale, on ne pourra plus « présenter la production [...] comme soumise aux lois éternelles de la nature, indépendantes de l'histoire » (Introduction de 1857, in *Œuvres. Économie I*, p. 239). Fin donc des commencements par « un chapitre de généralités [...] où l'on traite des conditions générales de toute production » (p. 238), et fin de la naturalisation de la forme-marchandise ainsi que de celle des institutions du mode de production capitaliste.

que dans la mesure où elles sont des expressions d'une même unité sociale, le travail humain» (*die Waren nur Wertgegenständlichkeit besitzen, sofern sie Ausdrücke derselben gesellschaflichen Einheit, menschlicher Arbeit, sind*)[1]. On sait également que c'est le travail social moyen (qui n'est en aucune façon le travail concret d'un chacun, mais une moyenne «socialement nécessaire» à la production de chaque marchandise dans une société et à une époque bien déterminées) qui permet de résoudre l'égalité *impossible* entre x-valeur d'usage et y-valeur d'échange[2]. Il suffit en effet pour parvenir à concevoir la possibilité d'une telle égalité de reconnaître que «cette expression [...] cache un rapport social»[3]. C'est donc le travail abstrait qui confère à la valeur sa substance, sa grandeur et sa forme, qu'elle soit «forme simple» ou «forme développée», en lui conférant «une propriété supranaturelle [...], quelque chose de purement social»[4]. La «forme-monnaie (*Geldform*)» n'est plus dès lors qu'une forme-valeur particulière dont le caractère mystique se dissipe, toute valeur ayant été rapportée à une unité sociale déterminée de travail humain. Qu'apporte finalement cette analyse des formes dans le livre I du *Capital*? Quels sont ses acquis? On constate, en lisant Marx, que l'acquis réside une fois encore, et à ses propres yeux, dans le travail du texte:

La valeur d'une marchandise est exprimée de façon autonome par sa présentation comme "valeur d'échange". À la lettre, il est faux de dire, comme nous l'avons fait au début de ce chapitre pour parler de manière courante, que la marchandise est valeur d'usage et valeur d'échange (*die Ware ist Gebrauchswert und Tauschwert*). La marchandise est valeur d'usage, ou objet d'usage, et "valeur" (*die Ware ist Gebrauchswert oder Gebrauchsgegenstand und "Wert"*). Elle se présente comme cette entité double (*Doppelte*) qu'elle est dès lors que sa valeur possède une forme phénoménale propre distincte de la forme naturelle (*Naturalform*), qui est la forme de valeur d'échange, et elle ne possède jamais cette forme si on la

1. *Le Capital*, I, I, 1, § 3, *op. cit.*, p. 54 (= Ullstein Buch, p. 29).

2. Égalité impossible, car il n'y a aucune proportion entre utilité et échange dès lors que la différence eidétique entre la chose et la marchandise est reconnue. Cf. *infra* chap. IV.

3. *Ibid.*, p. 65 (= Ullstein Buch, p. 38).

4. *Ibid.*: «*eine übernatürliche Eigenschaft [...] etwas rein Gesellschaftliches*»). Voir *infra* notre chap. IV, qui sera consacré à la genèse de l'échange selon Marx et à sa lecture attentive d'Aristote.

considère isolément (*isoliert betrachtet*), mais uniquement dans son rapport de valeur ou d'échange à une deuxième marchandise [1].

Ce texte dit on ne peut mieux que la valeur d'usage et la valeur d'échange ne doivent pas être considérées comme deux valeurs antagonistes ou complémentaires (c'est le point de vue de l'économie politique), et que le terme de « valeur » ne s'applique à proprement parler, ou « à la lettre », qu'au mode d'être dont la valeur d'échange est l' « *Erscheinungsform* ». En toute rigueur donc, *Gebrauchs*wert doit être remplacé par *Gebrauchs*gegenstand : l'objectivité de l'objet utile n'est pas comparable à la *Wertgegenständlichkeit* de la marchandise. Mais, comme Marx le rappelle dans ses *Notes sur Wagner*, l'enjeu de l'analyse des formes du *Capital* ne saurait être réduit à « une ratiocination interminable sur les concepts ou les termes "valeur d'usage" et "valeur" » [2]. En effet, s'il y a équivoque dans le *Capital*, ce n'est pas parce que le terme de « valeur » s'entend aussi bien dans « valeur d'usage » que dans « valeur d'échange » ; le croire, ce serait reprendre sur le fond la critique qui avait été faite par Wagner à Marx, et ce serait aussi s'exposer à la réplique cinglante qui fut celle de Marx : « seul un *vir obscurus* qui n'a absolument rien compris au *Capital* peut raisonner comme suit : la valeur d'usage ne joue chez lui [i.e. : chez Marx] aucun rôle » [3] ! Plus sérieusement, si équivoque il y a dans le *Capital*, c'est parce que la valeur d'usage y est aussi nommée la « forme-naturelle *(Naturalform)* » de la valeur, et parce que la forme-valeur y est encore dite s'opposer à la matière (ou au « corps » de la marchandise).

Or l'intérêt essentiel de la remarque du *Capital* que nous commentons est justement d'insister sur le fait que valeur d'usage et valeur d'échange ne se comprennent *que* sur le fond du mode d'être de la marchandise, de son *eidos :* la valeur – laquelle ne s'oppose donc pas, comme nous l'avons déjà noté, à la matière, pas plus qu'elle n'est un « contenu » véritable [4]. De cette exigence eidétique fondamentale, qui est gagnée par l'analyse des formes, découlent deux autres exigences méthodologiques : tout d'abord, l'eidétique de la marchandise est toujours aussi l'analyse d'un mode de

---

1. *Le Capital*, I, I, 1, *op. cit.,* p. 69 (= Ullstein Buch, p. 41. Marx citera ce passage du *Capital* dans sa polémique avec Wagner, cf. *Notes critiques sur le traité d'économie politique d'Adolph Wagner* (1880), in *Œuvres. Économie II*, p. 1531-1551, texte cité p. 1543.

2. K. Marx, *Notes critiques sur Wagner, op. cit.,* p. 1545.

3. *Ibid.,* p. 1544.

4. Sur ce point les *Notes sur Wagner* témoignent encore de la même équivoque du langage. Marx écrit en effet : « la marchandise [...] est, d'une part, valeur d'usage et, d'autre part, "valeur", non valeur d'échange, car la simple forme phénoménale ne peut être son propre *contenu* », p. 1543-1544.

production déterminé (c'est pourquoi toute analyse considérant la chose isolée, *in abstracto*, manque le mode d'être propre à la marchandise); ensuite, l'usage est toujours usage social, la valeur d'usage étant valeur d'usage social produite par un procès de travail spécifique. La conséquence en est que cette eidétique a nécessairement un lien non « exotérique » à l'économie politique [1]. Il est certes évident que la marchandise doit être utile et échangeable, ce que toute l'économie politique lui accorde et, avec elle, la « façon de parler ordinaire » lorsqu'elle parle de valeur ; mais ce que l'analyse formelle (ou eidétique) du *Capital* met en évidence, c'est que le mode d'être des marchandises ne s'atteint que par la découverte de l'« unité sociale » fondamentale dans le mode de production capitaliste, à savoir le travail abstrait. Cette découverte déclasse toute « ratiocination » sur la naturalité de la valeur ou des besoins de l'homme, mais, on va le voir, elle demeure néanmoins prise dans la série des oppositions qu'elle veut déclasser [2].

L'unité sociale qu'est le travail abstrait est analysée au chapitre douze du livre I du *Capital* dans les mêmes termes que ceux qui caractérisent l'aliénation dans les *Manuscrits*. Les textes sont fort clairs à cet égard, en particulier ceux qui portent directement sur le travail en manufacture : « Non seulement les divers travaux partiels sont répartis entre différents individus, mais l'individu lui-même est divisé, transformé en mécanisme automatique d'un travail partiel [...]. Une certaine mutilation spirituelle et corporelle est indissociable de la division du travail de la société prise dans son ensemble. Mais étant donné que la période manufacturière accentue bien davantage cette scission sociale des branches du travail, elle [...] saisit

---

1. La critique adressée par Marx à Ricardo pointe précisément le caractère exotérique de la valeur d'usage « naturelle » chez ce dernier : « La valeur d'usage joue elle-même un rôle en tant que catégorie économique. Le lieu où elle joue ce rôle dépend du développement lui-même. Ricardo [...] croit que l'économie bourgeoise ne traite que des valeurs d'échange et n'entretient que des rapports exotériques avec la valeur d'usage », in *Grundrisse...*, t. II, p. 138.

2. *Cf.* Les *Notes sur Wagner* : « Ce qui a échappé à notre *vir obscurus* c'est que, dans l'analyse de la marchandise, je n'en reste pas à la double forme sous laquelle elle se présente, mais je conclus aussitôt que cette double existence de la marchandise reflète le *double caractère du travail*, dont elle est le produit [...] ; par conséquent, la valeur d'usage joue chez moi un rôle bien autrement important que dans l'économie traditionnelle », *op. cit.*, p. 1545. Sur ce « rôle important » de la valeur d'usage chez Marx, on pourra se reporter à R. Rosdolsky, *La genèse du "Capital" chez Karl Marx*, trad. fr. J.-M. Brohm et C. Colliot-Thélène, Paris, Maspéro, 1976, dont les p. 112-131 constituent un commentaire décisif des passages cités des *Notes sur Wagner* et des *Grundrisse*.

l'individu à sa racine vitale, etc. » [1]. On voit que, même si l'accent porte désormais davantage sur *l'exploitation sociale* du travail producteur dans la société capitaliste que sur l'aliénation de l'auto-production dans l'échange, c'est bien toujours la même pensée de l'auto-production générique, la même ontologie de l'homme « riche » car non amputé de lui-même, qui permet à Marx de reprendre « à la lettre » les concepts de valeur et de marchandise et de les interpréter eidétiquement comme *formes* [2].

De cette analyse on retiendra qu'au coeur de la difficulté du langage qui évoque encore la « forme naturelle » de la marchandise et l'opposition de la forme-valeur à la matière, se gagne la possibilité d'une pensée radicalement autre de l'*eidos* de la marchandise. Cette pensée peut être synthétisée sous cette forme : *la marchandise est, en tant que* Wertgegenstand, *le non-être de l'objet essentiel dans lequel s'objective l'homme auto-producteur,* elle est le produit de l'auto-production aliénée dans une société ayant perdu le principe de l'humanité. C'est ce que Marx lui-même indique par son refus des « subtilités métaphysiques » propres à l'économie politique, et c'est ce que le livre II du *Capital* confirme pleinement par son analyse des « métamorphoses du capital » [3]. Lorsqu'il établit la première formule du cycle du capital (A-M … P… M'-A'), Marx note en effet que

> la première manifestation du capital est ici la forme argent. Le capital qui fonctionne sous cette forme, autrement dit qui est destiné à servir d'argent est du *capital-argent*. Par A-M, ou [par] l'achat, le capital, de forme monétaire devient facteur de production, créateur de produit et de valeur, bref *capital productif* […]. Le résultat de ce processus est M', une masse de marchandises engrossée de plus-value. Le capital possède maintenant la

1. *Le Capital*, livre I, chap. 12, *op. cit.*, p. 405 et p. 408.
2. *A contrario,* J. Salem, reprenant à sa façon la thèse de la « coupure », écrit dans son Introduction à la trad. fr. des *Manuscrits de 1844* par J.-P. Gougeon : « le *travail*, tel qu'il est analysé dans les *Manuscrits*, est une catégorie philosophique, non historique. Il n'est pas déterminé par un *mode de production*, bien que la description des diverses étapes de la propriété privée annonce, semble-t-il, ce dernier concept », *op. cit.*, p. 46 ; ou, sur un mode moins nuancé, « l'idée fort ambiguë de travail aliéné oblitère considérablement la réalité de la lutte des classes » (p. 47).
3. *Cf.* K. Marx, *Le Capital*, livre II, section I, chap. 1 : « Les métamorphoses du capital : capital-argent, capital productif, capital-marchandise », in *Œuvres. Économie II*, p. 509-547. Voir sur ce point, dans le recueil *Lire Marx*, l'analyse de la « Circulation du capital » par G. Duménil, *op. cit.*, p. 237-245.

forme *capital-marchandise*. Par le second acte de la circulation, M'-A', la vente, la forme-marchandise reprend sa forme argent [1].

Autrement formulé, le processus dans son entier est, et n'est que, la méta-morphose (entendue au le plus sens littéral) de la forme-capital : le capital change à chaque fois de forme par une succession «d'actes formels» et de «métamorphoses réelles» [2], mais il demeure l'*eidos* de toutes ces (ou ses) formes, leur unité essentielle. En sorte que, «considéré comme un tout, le processus de circulation du capital se présente comme une unité dont la circulation et la production ne constituent que des moments» [3]. Ne comprenant pas cet *eidos* du capital en tant que forme, l'économie politique étudie séparément chaque moment : production, distribution, échange, consommation. Elle applique en cela son seul principe, qui est celui du déchirement, alors qu'il faudrait dire du capital, forme par essence circulante : *panta rhei* [4].

L'objectif est maintenant de montrer que ce déchirement entre les trois stades du processus total est bien le même que le déchirement de la vie générique analysé dans les *Manuscrits de* 1844. Posons donc la question suivante : comment les économistes pensent-ils la création de la valeur ? Ayant séparé les trois stades du procès de circulation du capital, ils ne trouvent dans la production que de l'argent face au travail. Dans leur inter-prétation l'argent achète donc le travail, ce dernier créant de la valeur. Or, sous cette évidence se cache un cercle logique car il y aurait «irrationalité de la forme» d'un tel acte d'achat du travail, puisque, comme Marx le remarque, «le travail lui-même, en tant qu'élément qui crée de la valeur, ne

1. K. Marx, *Le Capital,* livre II, section I, chap. 1, p. 514. Rappelons que P est le processus de production *stricto sensu*, et que le premier moment (A-M) représente l'achat des moyens de production matériels et de la *force de travail*, ou des «facteurs objectifs et [des] facteurs subjectifs du processus de travail» (p. 515). Sur le rôle spécifique de la force de travail en tant que valeur d'usage immédiatement déterminée, dans la production capitaliste, par la formalité de la valeur d'échange, *cf.* R. Rosdolsky, *La genèse..., op. cit.,* p. 126-127.

2. *Ibid.*, p. 515.

3. *Le Capital,* livre II, section I, chap. 1, *op. cit.,* p. 525. Il en va de même pour les deux autres circuits du capital, celui du capital productif et celui du capital-marchandise (P-etc.-P', M-etc.-M') : à chaque fois «le processus total se manifeste comme un circuit de métamor-phoses que la valeur-capital parcourt successivement, bien que dans un ordre varié. [...] Dans chacun des trois circuits, le capital passe par les mêmes métamorphoses, par l'adoption et le dépouillement successifs des formes de capital-argent, capital productif et capital-marchan-dise» (p. 549).

4. *Cf. ibid.,* p. 546, et p. 549 : «Considéré dans son processus total, le capital est donc du capital *circulant*».

peut avoir aucune valeur » [1]. L'important est que cette théorie économique du salariat masque le « moment décisif » [2] de l'achat de la force de travail (et non du travail) ; moment qui suppose que le travailleur n'ait *que* sa force de travail à vendre, donc qu'il soit séparé des moyens de production, et ce par une séparation qui est un acte *social* :

> le rapport de classes entre capitaliste et travailleur salarié existe dès le moment où l'un et l'autre se font face dans l'acte A-ft [soit : Argent – force de travail]. En d'autres termes, si l'argent peut être déboursé sous cette forme, c'est uniquement parce que la force de travail se trouve à l'état de séparation d'avec ses moyens de production [...]. Ce n'est pas l'argent qui, par essence, crée ce rapport ; au contraire, c'est l'existence de ce rapport qui permet de transformer une simple fonction de monnaie en une fonction de capital [3].

Ainsi séparée de ses moyens de production et d'auto-production la force de travail se trouve aliénée et, avec elle, la vie générique. L'économie politique, en masquant cette aliénation par sa théorie du « prix du travail », masque donc l'avènement historique et social de l'*Unwesen* du producteur. Autant dire que, pour Marx, l'inhumain dans le salariat n'est pas que le travail ne soit pas payé à sa valeur mais que la force de travail vivante soit forcée – car elle n'a pas le choix – de fournir un surtravail créateur de plus-value, donc reproducteur du capital. *L'inhumain est la soumission forcée de la finitude de l'auto-production générique à l'infinitude de la reproduction de la forme-capital.* C'est ce processus que Marx nomme « la subordination formelle du travail au capital » [4], et qu'il explicite en ces termes :

---

1. *Le Capital,* livre II, section I, chap. 1, *op. cit.,* p. 516 n. (a). Voir également le passage du livre I du *Capital*, que nous avons déjà rapidement évoqué (*supra* chap. I), dans lequel Marx disqualifie le concept de « valeur du travail » cher aux économistes : « Dans l'expression "valeur du travail", le concept de valeur est non seulement complètement effacé, mais transformé en son contraire. C'est une expression imaginaire, comme, par exemple, valeur de la terre. Toutefois, ces expressions imaginaires ont elles-mêmes leur source dans les rapports de production proprement dit », livre I, section VI, chap. 17, *op. cit.,* p. 601. Autrement formulé, l'expression *Wert der Arbeit*, « valeur du travail », est la transposition imaginaire-idéologique de ce qui *opère réellement* dans le mode de capitaliste : *der Wert der Arbeitskraft*, « la valeur de la force de travail ».

2. *Ibid.,* p. 515.

3. *Ibid.,* p. 516-517. *Cf.* également p. 516 : « C'est comme *propriété d'autrui* que les moyens de production affrontent le travailleur ».

4. *Cf.* K. Marx, *Matériaux pour l'"Économie"* (Manuscrits de 1861-1865). Ces pages ont été écrites en vue de la rédaction du *Capital* puis d'un volume remanié et largement complété qui aurait été intitulé *Économie*. Une partie en a été éditée, en 1956, sous le titre *Théories sur la*

Le processus de travail devient l'instrument du processus de valorisation et d'auto-valorisation du capital – de la création de plus-value. Le processus du travail passe sous l'emprise du capital [...]. C'est ce que j'appelle la *subordination formelle du travail au capital.* C'est la forme générale de tout processus de production capitaliste [...]. Intervient également la mystification inhérente au capitalisme : la force de travail, créatrice de la valeur, apparaît comme la force du capital qui se valorise elle-même [1].

Le mode de production capitaliste est donc en son essence même « *contrainte au surtravail* : formation de besoins et de moyens pour les satisfaire, production massive au-delà des besoins traditionnels du travailleur, et création – indépendamment de la production matérielle – de temps libre pour l'épanouissement humain » [2]. Autant dire que ce mode de production est fondé sur l'aliénation de la vie générique auto-productive (comme le souligne assez l'incidente sur le temps libre comme « épanouissement humain [...] indépendamment de la production matérielle », soit, comme *illusion* qui ne fait que perpétuer la subordination formelle).

S'il en est ainsi, l'analyse des formes dans le *Capital* relève bien de la même ontologie que celle des *Manuscrits de 1844*, et nous avons pu vérifier qu'elle ne progresse qu'à partir d'une différenciation équivoque de la marchandise et de la « forme naturelle (*Naturform*) » des objets utiles. Nous n'avons insisté pour l'instant que sur les acquis de cette équivoque, dont il était essentiel de montrer que, quelles que soient ses zones d'obscurité, elle reste exemplaire par son refus du fictionnement théorique de l'économie politique. Il n'en reste pas moins, comme nous l'avons déjà laissé entendre, que de cette pensée fictionnante Marx ne s'est pas totalement libéré.

plus-value, le plus souvent sous-titrée « Livre IV du *Capital* ». Nous citons ici un fragment des *Matériaux...* publié par M. Rubel sous le titre « I. Subordination formelle et réelle du travail au capital », in *Œuvres. Économie II,* p. 365-382.

1. *Ibid.,* p. 365 et 366 ; voir en outre *Le Capital,* livre III, section I, chap. 2, où Marx évoque « l'interversion du sujet et de l'objet » dans le processus de production capitaliste (in *Œuvres. Économie II,* p. 894). Le traducteur, M. Rubel, y voit un rappel de « la période feuerbachienne de Marx et de son style » (note p. 1743, et p. 1746) ; nous pensons, au contraire, qu'il n'y a là ni période ni ontologie feuerbachiennes.

2. *Matériaux pour l'« Économie »,* op. cit., p. 370. C'est l'extorsion de la plus-value « absolue ».

LA FICTION DE LA TRANSPARENCE : ROBINSON ET LA VALEUR

Lorsque Marx entreprend de visiter Robinson dans son île [1], il n'entend pas, bien entendu, naturaliser son analyse de la société bourgeoise, à la manière des économistes qu'il critique. Il vient au contraire d'affirmer que les rapports sociaux de production reflétés par l'économie politique ne caractérisent qu'une époque historiquement déterminée, celle «de la production marchande» [2]. Sa propre robinsonade veut être un contre-exemple d'éternitarisme, aussi est-elle introduite en ces termes : « Si nous nous en échappons vers d'autres formes de production, nous verrons disparaître instantanément tout le mysticisme du monde de la marchandise, tous les sortilèges qui voilent d'une brume fantomatique les produits du travail accompli sur la base de la production marchande. Puisque l'économie politique aime les robinsonades, faisons d'abord paraître Robinson dans son île » [3]. Il n'en reste pas moins – comme on va le voir – que Marx, *pris* dans le dispositif du fictionnement qu'il entend dénoncer, ne peut que le répéter, et qu'il se retrouve finalement, à son tour, prisonnier du langage de la fiction lorsqu'il entreprend de penser le communisme comme *reflet* de Robinson.

Que signifie la fiction de Robinson si l'on renonce à en faire une anticipation du capitalisme, à la manière de la fiction du chasseur d'Adam Smith ? Si l'on suit par la pensée Robinson dans les divers soucis occasionnés par sa situation précaire, on doit convenir du fait que, « Malgré la diversité de ses fonctions productives, il sait qu'elles ne sont toutes que diverses formes d'activité du même Robinson, qu'elles ne sont donc que diverses modalités de travail *humain* » [4]. Robinson sait donc parfaitement, d'un savoir qui naît de « la nécessité même (*die Noth selbst*) » qui le force à agir pour survivre, que c'est de lui-même qu'il se soucie avant tout dans tout ce qu'il fait ; il sait qu'il forme un monde qui est *son* monde. S'il peut faire l' «inventaire [qui] comporte un répertoire des objets d'usage qu'il possède» [5], c'est-à-dire s'il peut se comporter théoriquement,

---

1. *Le Capital,* livre I, section I, chap. 1, § 4 : « Le caractère fétiche de la marchandise et son secret ». La robinsonade proprement dite occupe la fin de ce paragraphe, *op. cit.,* p. 87-95 ; *cf.* les pages assez proches de la 1ère éd. de 1867, *in* MEGA[2], II, 5, p. 44-47.

2. *Ibid.,* p. 87.

3. *Ibid.*

4. *Ibid.,* p. 88. Passage parallèle *in* MEGA[2], II, 5, p. 45 : «*Trotz der Verschiedenheit seiner produktiven Funktionen weiss er, dass sie nur verschiedne Bethätigungsformen desselben Robinson, also nur verschiedne Weisen* menschlicher *Arbeit sind* ».

5. *Ibid. ;* MEGA[2], II, 5, p. 45.

scientifiquement, dans ce monde, c'est d'abord parce que c'est le monde de sa *praxis*, ce monde où s'affirme à chaque fois « le même Robinson » et où s'objective son essence. C'est pourquoi Marx écrit que « Les relations entre Robinson et les choses qui forment la richesse qu'il s'est créée lui-même, sont ici [...] simples et transparentes » [1]. Si nous entendions simplement cette richesse et ces rapports en leur sens ontique, nous ne lirions dans cette phrase que l'énoncé de la transparence d'une économie de pure subsistance, un simple compte-rendu sur une humanité naturelle non encore socialisée. Mais c'est précisément l'inverse que Marx tente de dire, comme en témoigne la formule « la richesse qu'il s'est créée lui-même » : il faut bel et bien comprendre que c'est *Robinson lui-même* qui *s'est créé* en tant que « vie riche », en tant que plénitude de vie sensible. La simplicité des rapports entre Robinson et *ses* choses ne tient donc pas à un quelconque état naturel, mais à l'immédiateté de son être-de-la-nature, à l'expérience quotidienne de son ouverture au monde qu'il pratique.

Robinson se comporte par là comme un producteur authentique, c'est-à-dire comme l'attestation vivante [2] de l'humanité de l'homme. Mais ici, comme dans les *Manuscrits*, le langage de Marx est hautement équivoque (en particulier dans l'emploi des concepts de richesse et de rapport), et la notion de « relations simples et transparentes » nous reconduit même, en deçà de l'équivoque, vers les plus classiques des formulations de la tradition philosophique. Or, il se trouve que cette transparence du pur type de l'humanité, de la pure et simple réalisation du principe, ne va pas être sans conséquence pour la pensée du communisme. En effet, après être passée de « la lumineuse clarté de l'île de Robinson » aux « ténèbres obscures du Moyen-âge européen » [3], la fiction se poursuit ainsi :

> Représentons-nous enfin [...] une association d'hommes libres, travaillant avec des moyens de production collectifs et dépensant consciemment (*selbstbewusst*) leurs nombreuses forces de travail individuelles comme

---

1. *Ibid.* : « *Alle Beziehungen zwischen Robinson und den Dingen, die seinen selbst-geschaffnen Reichthum bilden, sind hier [...] einfach und durchsichtig* ».

2. En reprenant, dans toute son ambiguïté, la formule des *Manuscrits de 1844* que nous avons analysée au chap. précédent.

3. *Ibid.*, p. 88 (= Ullstein Buch, *op. cit.*, p. 56 : « *Versetzen wir uns nun von Robinsons lichter Insel in das finstre europäische Mittlalter* [...] » (ce passage ne figure pas dans la 1ère éd.). La métaphore de la lumière est elle aussi symptomatique de l'emprise du langage de la métaphysique sur toute cette anti-fiction : le retournement de la robinsonade de l'économie politique finit par se retourner contre Marx lui-même et par le prendre au jeu de ses images.

une seule force de travail sociale. Toutes les déterminations du travail de Robinson se répètent ici, mais de manière sociale et non plus individuelle [1].

Le parallèle qui est établi ici par Marx peut être reformulé comme suit : dans la société communiste le producteur est un membre du *reflet social* de Robinson, ou encore, le communisme est l'image spéculaire de Robinson. Cette image sur la scène sociale est d'ailleurs pensée comme étant tout aussi lumineuse que l'original, puisque en effet «les relations sociales existant entre les hommes et leurs travaux, entre les hommes et les produits de leurs travaux, demeurent ici d'une simplicité transparente tant dans la production que dans la distribution» [2]. Dans ces conditions, la question vaut d'être posée : une telle prise en vue et un tel accomplissement radical de l'essence de l'homme ne sont-ils pas le rêve métaphysique comme tel, et cette composition organique du social opérée «consciemment (*selbstbewusst*)» n'est-elle pas la répétition du projet de la modernité (à savoir la *Selbstbewusstsein*)? Que cette réalisation du principe soit un plan de la Nature, de la Raison ou des producteurs eux-mêmes, ne serait plus dès lors qu'une péripétie ne changeant rien à son fondement métaphysique.

Le langage employé par Marx, celui de la simplicité et de la transparence, témoigne finalement de ce que, dans ces pages décisives pour son projet politique *et* philosophique, il reste pris dans le dispositif fictionnel qu'il entendait démonter. Il a certes élaboré une fiction opposée à celle des économistes, mais Robinson demeure dans cette fiction le type premier de l'*humanitas* en tant que témoin mythique d'une réalisation absolue du principe – une réalisation sans reste dont le producteur *devra* être le reflet social. L'inversion de la naturalisation du mode de production capitaliste en une socialisation bien réelle du héros mythique, reproduit ainsi *volens nolens* le fictionnement métaphysique.

La robinsonade du *Capital*, dans sa mise en scène même, témoigne bien de la permanence de la situation métaphysique de la pensée de Marx depuis les *Manuscrits de 1844 :* c'est encore le «retour total» de l'homme social à lui-même et la pleine réalisation sur la scène sociale du principe originel

1. *Le Capital,* livre I, section I, chap. 1, § 4, *op. cit.,.,* p. 90 (= Ullstein Buch, p. 57 : «*Stellen wir uns endlich einen Verein freier Menschen vor, die mit gemeinschaftlichen Produktionsmitteln arbeiten und ihre vielen individuellen Arbeitskräfte selbstbewusst als eine gesellschaftliche Arbeitskraft verausgaben. Alle Bestimmungen von Robinsons Arbeit wiederholen sich hier, nur gesellschaftlich statt individuell*» ; on lisait déjà un texte presque identique *in* MEGA², II, 5, p. 45).

2. *Ibid.,* p. 74 (= Ullstein Buch, p. 58 : «*Die gesellschaftlichen Beziehungen der Menschen zu ihren Arbeiten und ihren Arbeitsprodukten bleiben hier durchsichtig einfach in der Produktion sowohl als in der Distribution* » ; *cf.* aussi MEGA², II, 5, p. 45-46).

qui dessinent le visage de la société communiste des producteurs librement associés, alors que, dans le même temps, le travail textuel *résiste* à cette fiction du retour à une pure origine. Les *Manuscrits de 1844* sont un moment qu'on pourrait dire de haute résistance du texte de Marx, c'est pourquoi leur analyse est essentielle pour la compréhension de la radicalité de son œuvre. La robinsonade du *Capital* constitue, en revanche, un moment de faible résistance à la fiction de l'origine pure et transparente. Mais il ne suffit pas de relever cette alternance de force et de faiblesse dans l'œuvre de Marx ; ce qu'il importe de comprendre c'est le sens profond de leur opposition (qui n'est autre que l'irréductible opposition de l'auto-production et de la production matérielle aliénée) et de leur précaire union en une solution équivoque, celle du retour à la transparence de l'origine. À vrai dire, comme on l'aura compris, il y va de bien autre chose que d'une faiblesse ponctuelle du texte. C'est ce que l'analyse de la solution au problème de la transformation de la valeur en prix, telle qu'elle a été proposée par Marx dans le livre III du *Capital*, mettra une fois de plus en lumière en montrant que l'équivocité de cette solution provient du même recours mythique à la transparence initiale.

Après les analyses du livre I du *Capital* il ne peut plus être question de considérer la valeur comme un attribut des choses, et encore moins comme un attribut naturel. La valeur ne s'ajoute pas à l'objet, elle n'est nullement un attribut de l'objectivité. Tout à l'opposé de ce naturalisme la forme-valeur doit être tenue pour le mode d'être spécifique des marchandises, nommément pour leur «objectivité de valeur (*Werthgegenständ-lichkeit*)»[1]. En tant que mode d'être de ces marchandises, la forme-valeur n'est donc pas leur prix de marché, ni leur prix de production (de même que la plus-value n'est pas le profit[2]). Il est cependant avéré aussi que «de quelque manière que les prix des différentes marchandises soient fixés ou

1. Cf. *supra*, chap. III, section précédente.
2. Cf. *Le Capital,* livre III, section I, chap. 2, in *Œuvres. Économie II,* p. 891-905. L'enjeu de ce chapitre est, en parfaite conformité avec l'analyse des formes du livre I, de montrer que «la plus-value [pl] et le taux de plus-value [(pl/v), v étant le capital variable] sont, relativement, l'élément invisible, mais essentiel, qu'il faut rechercher, tandis que le taux de profit [(pl/c+v), c étant le capital constant] et, partant, la plus-value sous la forme de profit se manifestent à la surface du phénomène» (p. 893). En effet, en confondant la plus-value avec une de ses formes phénoménales, le profit, "on" (à savoir le capitaliste lui-même et l'économiste, *cf.* p. 892) transfère son origine de la production (= de l'exploitation de la force de travail) à la distribution, et ainsi «Le capital apparaît comme un rapport à soi-même, rapport où il se distingue, en tant que somme initiale de valeurs, d'une valeur nouvelle créée par lui-même », p. 896-897).

réglés initialement les uns par rapport aux autres, la loi de la valeur régit leur mouvement »[1]. Il y a par conséquent, d'une façon ou d'une autre, transformation de la valeur en prix...

On sait que Marx a cherché à résoudre ce problème de la transformation des valeurs en prix en différenciant tout d'abord la valeur d'une marchandise[2] et son coût de production[3], puis, ce coût de production et le « prix de production » obtenu en lui ajoutant le taux de profit moyen caractérisant, dans son ensemble, le secteur de la production concerné. Ce dernier taux de profit moyen est, quant à lui, déterminé « sous l'effet de la concurrence [par lequel] les divers taux de profit s'égalisent en un taux de profit général qui est la moyenne de tous ces taux de profits différents »[4]. Ainsi est-il rigoureusement démontré que le prix de production – qui est « ce qu'Adam Smith appelle *"natural price"*, Ricardo *"price of production, cost of production"*, les physiocrates *"prix nécessaire"* »[5] – n'est ni une propriété naturelle de la chose ni un effet de l'offre et de la demande, mais se détermine par une transformation de la valeur de la marchandise par l'intermédiaire de la concurrence et du profit moyen, ce qui « fait valoir le caractère *social* de la production et de la consommation »[6]. Nous retrouvons ainsi, rigoureusement maintenue dans le Livre III du *Capital,* la distinction radicale entre la forme-valeur (l'*eidos* de la marchandise) et l'apparence phénoménale, le prix.

Mais comment, ceci étant établi, Marx peut-il affirmer ensuite : « il est donc entièrement conforme à la réalité de reconnaître à la valeur des marchandises la priorité non seulement théorique, mais aussi historique, sur les prix de production. Cela s'applique aux conditions où les moyens de

---

1. *Ibid.,* livre III, section II, chap. 7, p. 969. Voir également les *Grundrisse*, « Chapitre de l'argent », I. 12 : « Le *prix* se différencie donc de la *valeur*, pas seulement comme le Nominal se distingue du Réel, pas seulement par sa dénomination en or et en argent, mais parce que la seconde apparaît comme la loi des mouvements que décrit le premier », trad. fr. J.-P. Lefebvre *et alii, op. cit.*, t. I, p. 72. Ce qui est ici nommé « différence *réelle* » et non pas « *nominale* » entre prix et valeur (p. 75) n'est pas autre chose que leur différence *eidétique*.

2. Cf. *ibid.,* livre III, section II, chap. 6. La valeur d'une marchandise est égale à la somme du capital constant usé pour la produire, du capital variable mobilisé et de la plus-value : $V = c(usé) + v + pl$.

3. *Ibid.*, soit $cp = c(usé) + v$, puisque le travail extorqué, qui produit la plus-value (pl), ne coûte rien au capitaliste.

4. *Ibid.,* p. 950, c'est l'énoncé de la loi de la baisse tendancielle du taux de profit.

5. *Ibid.,* p. 989.

6. *Ibid.,* p. 984. Ce processus de transformation échappe évidemment au capitaliste individuel (voir p. 984, 960, 962) et aux économistes (p. 989), ce qui contribue à entretenir le mystère de l'origine de la valeur (p. 960).

production appartiennent au travailleur, et tel est le cas aussi bien dans l'Antiquité que, dans le monde moderne, pour le paysan propriétaire qui cultive lui-même, et pour l'artisan »[1] ? L'éternitarisme des catégories interprétatives, que Marx reproche tant aux économistes, n'est-il pas ici patent ? Et que signifie ce passage, sinon que, au fil de l'histoire, les prix ont lentement *dérivé de* la valeur, et qu'est-ce alors que la valeur sinon le « prix naturel » ?

Il semblait pourtant, d'après les acquis précédents, que ce qui vaut pour la marchandise produite dans un système social où le travail est fondamentalement *subordonné* au capital (d'abord formellement, puis réellement), et en particulier l'analyse qu'on peut y faire de la transformation de la valeur en prix, ne s'applique précisément pas aux sociétés où « les moyens de production appartiennent au travailleur », que cette analyse ne s'applique pas davantage à l'artisan, au paysan propriétaire, et, *a fortiori*, qu'elle ne peut pas s'appliquer à la société communiste où « les travailleurs possèdent eux-mêmes leur moyens de production respectifs et échangent entre eux des marchandises [qui] ne seraient pas des produits du capital »[2]. C'est donc bien, une fois encore, *l'idée d'une pure identité originelle*, ici entre prix et valeur, *à regagner socialement par le communisme*, qui vient ruiner le patient travail de différenciation eidétique entre ces deux concepts. En aucun cas la transformation, ou la métamorphose, de la valeur en prix sous l'effet nécessaire de la libre concurrence capitaliste, ne devrait être conçue comme une dérive historique des prix *à partir de* la valeur. À vrai dire, c'est là le concept ricardien de valeur[3], concept auquel Marx n'échappe donc pas totalement, alors même qu'il établit que les «*formes apparentes* qui servent de point de départ à l'économiste vulgaire» et le « mouvement apparent » du capital[4] reposent en réalité sur des lois tendancielles que l'économie politique a toujours masquées.

La situation de pensée de Marx dans *Le Capital* est encore celle de 1844 ; le travail textuel qui s'y opère ouvre là aussi un horizon nouveau,

1. *Ibid.*, p. 970.

2. *Ibid.*, p. 968.

3. D'où les tentatives de «réconciliation» du marxisme et du néo-ricardisme, et les dénonciations de l' «erreur», mathématique ou autre, de Marx par les marginalistes (Block, Walras, Pareto). Ce débat autour du rapport entre valeur et prix est synthétisé dans l'ouvrage de G. Dostaler, *Valeur et prix. Histoire d'un débat*, Paris-Montréal-Grenoble, Maspéro-Presses de l'Université du Québec - P.U.G., 1978. L'auteur montre bien que ce second interminable débat entre les économistes et *Le Capital* (après celui de Hegel et de Marx) a sa source dans l'équivoque de la détermination de la valeur au livre III du *Capital* (*cf.* p. 4-7).

4. K. Marx, Avant-propos au livre III du *Capital*, in *Œuvres. Économie II*, p. 879.

mais il butte encore sur la même limite. Pris dans un langage équivoque il ne peut qu'atteindre la pointe du non-sens (ce qui demeure sa ressource la plus haute) ou construire une fiction de la réalisation du principe de l'*humanitas*. Cette situation se répétera lors même que Marx réaffirmera ses principes afin de préparer l'avenir du Parti Ouvrier Allemand en se « lavant les mains » des « marchandages sur les principes » élaborés dans le programme de Gotha [1].

LA *CRITIQUE DU PROGRAMME DE GOTHA* ET LE DESTIN DE L'ÉQUIVOQUE

On sait par la lettre que Marx adressa à Bracke, qu'il n'eut « pas la moindre "joie" à écrire ce long papier-là » [2], mais que la trahison de ses principes par le Parti Ouvrier Allemand l'exigeait. En fait, ce que Marx entendait rappeler est la responsabilité historique des textes engageant l'avenir : ainsi que l'affirme la dernière phrase de cette critique, de tels textes ne souffrent pas « le laisser-aller de [leur] rédaction » [3]. Cet ultime texte réaffirme donc la nécessité incontournable du travail textuel, et nous allons voir qu'il s'acquitte de cette tâche – paradoxalement, pourrait-on dire – en supportant jusqu'au bout l'équivoque de son langage.

Le centre de la critique concerne la première proposition du *Programme* de *Gotha*, qui est la suivante : « Le travail est la source de toute richesse et de toute culture, et comme le travail utile n'est possible que dans et par la société, le fruit du travail appartient intégralement, en vertu d'un droit égal, à tous les membres de la société » [4]. De cette proposition, Marx déconstruit un à un les termes. Tout d'abord, « Le travail *n'est pas la source* de toute richesse. La nature est tout autant la source des valeurs d'usage » [5].

---

1. *Cf.* la « Lettre à Bracke », datée du 5 mai 1875, accompagnant la *Critique du Programme de Gotha* : « Nous publierons, Engels et moi, une brève déclaration où nous dirons que nous sommes fort éloignés dudit programme de principes et que nous nous en lavons les mains », in *Œuvres. Économie I, op. cit.,* p. 1411.

2. *Ibid.* Un « papier » qui est, notons-le, le dernier écrit de Marx – exception faite des Notes sur Wagner (notes qui constituent elles aussi ce qu'on peut appeler "un texte-de-lecture" et un ultime appel à la vigilance du langage. Depuis la dénonciation du « charabia » de Proudhon, jusqu'à celle de Wagner, le « *vir obscurus* », Marx n'aura donc pas cessé de lire et de reprendre, quant à la pertinence de leur langue, les textes lus).

3. K. Marx, *Critique du Programme de Gotha,* in *Œuvres. Économie I,* p. 1434.

4. *Programme de Gotha* (Mai 1875). Proposition citée par Marx, *op. cit.,* p. 1413.

5. *Op. cit.,* p. 1413.

Le Capital avait déjà rappelé la formule de William Petty selon laquelle le travail est « le père » de la richesse et la terre, « sa mère » [1] – une formule qui, certes, naturalisait le rapport de l'homme à la nature et qui s'inscrivait entièrement dans la problématique des Physiocrates en privilégiant le rôle de la terre et de la rente foncière, mais qui avait au moins l'avantage de rappeler que tout projet laborieux *relie* l'homme à la nature. Mais l'horizon ontologique de Marx n'est pas celui de Petty, son ontologie est non naturaliste et pose, comme mode d'être authentique du travail productif, l'objectivation d'un « être immédiatement de la nature » propre à l'homme. De ce point de vue, écrire – comme les rédacteurs du *Programme de Gotha* – que le travail est « la source de toute richesse », ce n'est rien d'autre, sous couvert de glorification du travail, qu'éterniser son aliénation bourgeoise, son déchirement en travail concret et travail abstrait ; c'est donc proprement abandonner l'ontologie des *Manuscrits* et de toute l'œuvre de Marx.

De même, différencier la « richesse » et la « culture », c'est ramener entièrement la richesse à l'accumulation matérielle, ou à « la gigantesque collection » ontique des biens, et faire de la culture le bien propre de la *psukhè*, c'est donc rejoindre le « point de vue » commun à Hegel et aux économistes. Cette assertion a, selon l'expression de Marx lui-même, « une forme boiteuse » [2], elle mé-dit du travail et perpétue irrémédiablement sa « malédiction » tout en le glorifiant [3]. Enfin, quant au concept de « travail utile », ce n'est lui aussi qu'un pseudo-concept tiré de l'évidence naturelle selon laquelle tout travail poursuit un but, alors que le travail « utile » de Robinson n'est pas identifiable, ainsi que nous l'avons vu, au travail *social,* aliéné et néanmoins *utile* à la reproduction du capital. L'utilité n'est pas une évidence, pas davantage que le "bien commun". En lieu et place de ce « laisser-aller » formel, il vaudrait bien mieux écrire, ajoute Marx, que, « à mesure que le travail se développe dans la société et devient, par suite, source de richesse et de culture, se développent chez le travailleur, pauvreté et inculture, et chez le non-travailleur, richesse et culture » [4], et encore

1. Cf. *Le Capital*, livre I, section I, chap. I, § 2, *op. cit.*, p. 49 citant W. Petty, *A Treatise of Taxes and Contributions* (1667).

2. *Critique du Programme de Gotha, op. cit.*, p. 1414.

3. C'est donc dans le *Programme de Gotha*, et non dans les textes de Marx, qu'on trouve ce que Nietzsche nommait « la glorification du travail, […] les infatigables discours sur la "bénédiction du travail" » ; et c'est à l'encontre de ce texte qu'on peut affirmer, avec Nietzsche, « qu'un travail constitue la meilleure des polices, qu'il tient chacun en bride et s'entend à entraver puissamment le développement de la raison, des désirs, du goût de l'indépendance », *Aurore*, livre troisième, § 173.

4. *Ibid.*, p. 1415.

faudrait-il ajouter que ceci a lieu « dans la société capitaliste d'aujour-d'hui »[1].

Dès lors, le travail « tout court » – selon l'expression utilisée dans L'Introduction de 1857 –, cette catégorie éternelle, ne porte pas tout natu-rellement les « fruits » escomptés, et le problème d'une distribution éga-litaire se trouve par là même totalement secondarisé. Nous savons en effet, grâce aux *Manuscrits de 1844*, que le travail « tout court » n'est que le reflet d'une réalité abstraite, celle du travail aliéné dans la société bourgeoise, et que, plus le travailleur produit ainsi, plus il devient « absolument pauvre » en tant qu'homme. Pauvreté et inculture sont donc indissociablement liées à la perte de l'humanité productrice et auto-productrice ; elles manifestent phénoménalement la pauvreté ontologique de la vie déchirée[2]. Il s'ensuit que revendiquer l'équité de la distribution est un mot d'ordre réformiste qui réclame un simple aménagement des inégalités quantitatives sans remettre en cause l'aliénation en tant que *forme* du procès de travail. Certes, de tels mots d'ordre ont une certaine efficace tactique, mais dans un programme de stratégie à long terme, dans une affirmation des principes, ils constituent proprement, comme Marx l'écrit, un « marchandage » sur les principes[3]. Enfin, il faut souligner que ce changement de *forme* du procès du travail est évoqué dans cet ultime texte dans les mêmes termes que ceux qui avaient été employés dans les *Manuscrits* et dans *Le Capital*. Marx écrit en effet :

> Dans la société coopérative fondée sur la propriété collective des moyens de production, les producteurs n'échangent pas du tout leurs produits ; de même, le travail incorporé dans ces produits n'apparaît pas ici *comme valeur* de ces produits, comme une qualité qu'ils possèdent [...] ; les travaux individuels [...] existent désormais d'une façon immédiate, en tant que partie intégrante du travail total[4].

1. *Critique du Programme de Gotha, op. cit*, p. 1415.
2. À l'autre pôle du rapport (de force) social, la richesse matérielle et la culture de l'esprit manifestent aussi cette perte de l'humanité. On se souvient que Marx écrivait que « la *propriété privée*, en tant qu'expression matérielle résumée du travail ayant perdu son expression (*resümirte Ausdruck der entäusserten Arbeit*), englobe les deux rapports, à savoir d'une part le *rapport du travailleur au travail et au produit de son travail* ainsi qu'au *non travailleur*, et d'autre part le *rapport du non travailleur au travailleur et au produit de son travail* », *M. E-Ph. 1844*, premier manuscrit, p. 12 ; MEGA^2, I, 2, p. 374.
3. *Cf.* la *Lettre à Bracke*, où Marx différencie ce qui serait tactiquement admissible dans un « programme d'action ou un plan d'organisation en vue de l'action commune » de ce qui est inadmissible dans les « programmes de principes », *op. cit.*, p. 1412.
4. *Ibid.*, p. 1418.

À l'évidence, cette phrase répète la fin de la robinsonade du *Capital* quant à sa mise en scène fictionnelle et elle reprend la thématique ruineuse du retour total de l'homme pour soi en tant qu'homme social, telle qu'elle était exposée dans le troisième des *Manuscrits*. Cette fiction d'une immédiateté et d'une transparence retrouvée (au niveau social et non plus individuel comme dans le cas de Robinson) indique donc à nouveau la limite de l'horizon ouvert par l'ontologie des *Manuscrits* : le « retour total » et l'immédiateté sont deux retombées de la pensée de l'ouverture apriorique de l'homme et de la nature l'un à l'autre. C'est donc bien toujours de la même situation ontologique que témoigne ce texte. Mais on peut *aussi* y lire la *mise en crise* du principe du retour de l'immédiateté qui vient d'être réaffirmé par son auteur, tant il s'y avère que le courage critique de Marx le pousse à une ultime crise du fondement de sa pensée, alors même qu'il demeure fidèle à son ontologie première. Cette crise apparaît lors de l'évocation de la phase de transition entre capitalisme et communisme :

> La société communiste que nous avons ici à l'esprit ce n'est pas celle qui *s'est développée* sur ses bases propres, mais au contraire, celle qui vient *d'émerger de la société capitaliste* ; c'est donc une société qui, à tous égards, économique, moral, intellectuel, porte encore les stigmates de l'ancien ordre où elle a été engendrée [1].

Ces « stigmates » se focalisent en un point, en une *tache*, à savoir le principe selon lequel chacun reçoit *selon son travail* – ce qui signifie selon « la durée ou l'intensité » [2] mesurables de son travail. Or ce principe est et demeure un principe formel hérité du droit bourgeois, car tous les individus y sont traités en tant que « personnes » en droit identiques ; « *c'est donc, dans sa teneur, un droit de l'inégalité, comme tout droit* » [3]. On voit que, loin de revendiquer au nom du communisme une répartition équitable « en vertu d'un droit égal » [4], Marx admet que, tout droit étant formel, le droit régissant la société socialiste sera inégal et que « tous ces inconvénients sont inévitables » [5]. C'est que la division du travail ne disparaîtra nullement au lendemain de la révolution socialiste, et qu'avec elle persistera

1. *Ibid.*, p. 1418-1419.
2. *Ibid.*, p. 1420.
3. *Ibid.* (c'est Marx qui souligne).
4. *Programme de Gotha*, proposition I : « […] le fruit du travail appartient intégralement, en vertu d'un droit égal, à tous les membres de la société », cité par Marx dans sa *Critique du Programme de Gotha, op. cit.*, p. 1413.
5. *Ibid.*, p. 1420.

« l'opposition entre le travail intellectuel et le travail corporel »[1], c'est-à-dire le déchirement de la vie générique, l'atrophie des sens humains que les *Manuscrits* définissaient comme «théoriciens dans leur praxis». Par ailleurs l'État, «en tant qu'il forme, *par suite de la division du travail*, un organisme spécial, séparé de la société »[2], ne disparaîtra pas davantage dans sa forme bourgeoise. Il sera seulement le gouvernement des producteurs par eux-mêmes et il aura ainsi changé de mains, mais il conservera ses fonctions de régulation des conflits de classes[3].

Dès lors, le principe du «retour total» de l'homme social à l'humanité se trouve profondément mis en crise. À aucun moment Marx ne cherche à masquer cet état de crise, et il est tout à fait frappant de constater que ce texte ne donne aucune solution à la crise qu'il ouvre. Marx livre tout au plus une directive impérative afin que le déchirement entre la société de transition et son État ne se perpétue pas indéfiniment : «Absolument à rejeter, [l'] éducation populaire par l'État [...]. Bien au contraire, il faut, au même titre, refuser au gouvernement et à l'Église toute influence sur l'école [...], c'est, au contraire, l'État qui a besoin d'une éducation bien rude, administrée par le peuple »[4]. Il n'est donc aucunement question de faire de l'État le vicaire de son propre pouvoir par le biais de «l'éducation élémentaire, générale et égale, assurée par l'État»[5]. Pour le reste, Marx renvoie à son principe premier : la fin des déchirements, quels qu'ils soient, n'est possible que si les producteurs en finissent avec leur vie déchirée, donc avec la division du travail ; que s'ils s'épanouissent en tant qu'hommes dans leur *praxis* :

---

1. *Critique du Programme de Gotha, op. cit.*, p. 1420.
2. *Ibid.*, p. 1430 (nous soulignons).
3. C'est pourquoi Marx pose explicitement la question «quelle transformation subira la *forme-État* dans la société communiste ? En d'autres termes : quelles fonctions sociales y subsisteront qui seront analogues aux fonctions actuelles de l'État ?», p. 1429 (nous soulignons).
4. *Ibid.*, p. 1431-1432. La troisième *Thèse sur Feuerbach* précisait également que la «transformation» des hommes n'est pas simplement le produit (au sens quasi matériel) d'une éducation modifiée, mais «que le milieu (*die Umstände*) est transformé par les hommes et que l'éducateur doit lui-même être éduqué». La pratique humaine, l'auto-production, ne laisse donc aucun lieu hors d'elle-même et surtout pas le lieu de l'éducation ; c'est pourquoi elle travaille à la disparition de tous les «stigmates» de la division sociale – qui représente elle-même un reste de l'ancien mode de production.
5. *Programme de Gotha*, Proposition III. 6 ; cité par Marx, p. 1431. On reconnaît dans ce refus de Marx un écho de sa critique de la bureaucratie dans le Manuscrit de 1843, *Critique de l'État hégélien*.

Dans une phase supérieure de la société communiste, quand auront disparu l'asservissante subordination des individus à la division du travail, et, par suite, l'opposition entre le travail intellectuel et le travail corporel, quand le travail sera devenu non seulement le moyen de vivre, mais encore *le premier besoin de la vie*, quand avec l'épanouissement universel des individus, les forces productives se seront accrues, et que *toutes les sources de la richesse coopérative jailliront avec abondance* – alors seulement on pourra s'évader une bonne fois de l'étroit horizon du droit bourgeois et la société pourra écrire sur ses bannières : « De chacun selon ses capacités, à chacun selon ses besoins » [1].

Il fallait citer ce paragraphe en entier, d'une part, parce qu'il témoigne exemplairement de l'équivocité fondamentale du texte de Marx et, d'autre part, parce qu'il sera lourd de conséquences pour l'histoire du parti communiste. En effet, si l'on comprend, comme le texte l'autorise, le nouveau « jaillissement » des sources de la richesse et son « abondance » comme une répétition pure et simple de l'accroissement des forces productives, on ne trouve dans ces lignes qu'une apologie de la production matérielle. Mais comment comprendre alors l' « épanouissement universel des individus », qu'il mentionne aussi, si ce singulier veut dire qu'il s'agit, dans la pensée de Marx, d'un épanouissement *qualitatif*, d'une plénitude de « vie riche », au sens des *Manuscrits de 1844*, et non d'une accumulation de biens matériels ? Ce qui serait donc en jeu, ce serait non pas tant de produire plus (mais il s'agit *aussi* de cela, « les forces productives accrues » y font référence sans aucune ambiguïté) que de s'auto-produire. Mais dès lors les « sources de la richesse coopérative [jaillissant] avec abondance » deviennent totalement équivoques, et il en est de même du travail comme « premier besoin de la vie ». S'agit-il du jaillissement originaire de l'homme et de la nature l'un à l'autre et du travail comme *besoin ontologique,* mode de l'auto-production, ou s'agit-il des mérites du Plan de production et de son dépassement ? Seule la référence à l'évasion hors du cadre « étroit » du droit bourgeois permet de trancher en faveur de la thèse de l'auto-production. Nous avons lu en effet sous la plume de Marx que ce droit est *formel,* c'est donc *formellement* qu'il faut changer le procès de travail : *le jaillissement espéré est celui de formes nouvelles de l'être-au-travail.* Mais l'équivocité du langage de Marx – qui reste lui-même, de bout en bout, en travail pour accéder à une forme nouvelle – impose elle aussi son « étroit horizon » à ce texte, comme à tous les autres. Il en est finalement ici comme de toutes les œuvres réellement intempestives qui

1 *Ibid.*, p. 1420 (nous soulignons).

tentent d'excéder la forme dont elles héritent et qui par là même, par cet entêtement à travailler leur unique question, ont pour seule et unique ressource leur profonde équivoque [1].

Au terme de cette *Critique du Programme de Gotha,* Marx a pu écrire : «*Dixi et salvavi animam meam*» [2]. Il a dit en effet ; dans l'équivoque certes, mais nul penseur ne peut faire davantage que de travailler la langue et les formes de pensée dont il hérite. C'est pourquoi notre tâche sera, toujours et encore, de faire sur son propre texte ce que Marx lui-même n'a cessé de faire : lire et reprendre.

1. On pourrait, pour rester dans l'horizon de la postérité du marxisme, citer la célèbre séquence du film d'Eisenstein, *La ligne générale* – initialement intitulé «L'Ancien et le Nouveau» – dans laquelle tout un village paysan attend avec anxiété le premier jet sorti d'une écrémeuse flambant neuve (soit : la première retombée de l'accroissement des forces productives). Cette scène est, elle aussi, éminemment équivoque : ce jet est-il le prototype *matériel* du renouveau de la production économique, ou symbolise-t-il *formellement* le jaillissement nouveau d'un être-ensemble passant *aussi* par ce que le premier des *Manuscrits de 1844* nommait «l'élaboration de la nature non organique»? Ici encore la nouvelle forme d'expression recherchée –celle qu'Eisenstein nommait précisément «le montage extatique» – ne peut que demeurer *en travail,* s'exténuant elle-même dans son courage à excéder les formes dont elle hérite.

2. Citation du Livre d'Ezéchiel : «J'ai dit et mon âme est sauve», cf. *op. cit.,* p. 1434.

CHAPITRE IV

LA GENÈSE DE L'ÉCHANGE
ET DE L'IDÉALITÉ FORMELLE.
MARX, L'ÉCONOMIE ET LE *DE ANIMA* D'ARISTOTE [1]

Comme les textes cités dans les chapitres précédents l'ont laissé transparaître, Marx n'est guère enclin à l'éloge emphatique. Il lui préfère de beaucoup l'ironie mordante, lorsqu'il évoque par exemple « saint Bruno » et « saint Max » [2], ou l'application dans le commentaire, lorsqu'il lit ceux qu'il considère comme des économistes conséquents. Attentif à la qualité des déductions logiques, il est familier, depuis l'époque des Cahiers de jeunesse, des « délices » de la lecture méditative [3]. Cette lecture est exigeante, et fort rarement élogieuse. Il n'en est donc que plus remarquable

1. Une première version de ce chapitre a paru dans notre ouvrage *Aristote, l'eidétique et la phénoménologie*, Grenoble, Millon, 1995, p. 203-220. Elle a été revue et mise à jour pour la présente publication.

2. Dans *L'Idéologie allemande* B. Bauer et M. Stirner sont présentés en ces termes : « Voici d'abord *saint Bruno* que l'on reconnaît facilement à son *bâton* [...]. Il porte la "critique pure" en gloire autour de sa tête, et, méprisant le monde, il se drape dans sa "Conscience de soi" [...]. En face de lui se dresse *saint Max*, dont les mérites au service de Dieu consistent dans le fait d'affirmer qu'il a désormais établi et prouvé son identité en environ 600 pages imprimées », in *Œuvres III*, p. 1124. Proudhon, « le Quesnay de la métaphysique de l'économie politique », fait les frais de la même ironie dans *Misère de la philosophie*.

3. *Cf.* la *Lettre à son père* du 10 nov. 1837, qui évoque ces « délices », in *Œuvres III*, p. 1377. Cette lettre est encore empreinte du lyrisme de jeunesse de Marx (voir surtout p. 1370) que l'on retrouve jusqu'en 1841, date des dernières poésies. Ainsi, concluant sur sa rupture avec le droit, et annonçant ses études de philosophie, Marx écrit : « Un rideau était tombé, mon saint des saints déchiré, et il fallait y installer de nouveaux dieux » *(p. 1376).*

qu'Aristote demeure, d'un bout à l'autre de l'œuvre de Marx, sinon un
« nouveau dieu » [1], du moins un penseur d'une considérable importance.
L'éloge du « génie d'Aristote » est particulièrement appuyé dans
Le Capital [2], mais il est cependant dépourvu de toute emphase, ne serait-ce
que parce que Marx n'omet pas de mettre également en lumière ce qui lui
apparaît comme la *limite* de la pensée du Stagirite en matière d'économie.
« Génie » ou « grand savant », « sommet de la philosophie ancienne » dans
un autre texte de Marx [3], Aristote reste un analyste de la monnaie qui ne
dépasse pas totalement son temps. Quoi qu'il en soit de cette limite, c'est
bien pour avoir, si l'on peut dire, *osé* traiter Aristote avec désinvolture, que
Dühring, l'« écrivailleur », se fera « taper constamment et minutieusement
sur les doigts » par Marx [4] : « Que savait de ce rôle [de la monnaie] un
Aristote ? » avait ironiquement demandé Dühring, ce à quoi Marx répond,
tout aussi ironiquement, que « lorsqu'un Aristote a l'audace de vouloir analyser la monnaie dans son "rôle" de *mesure de la valeur,* et qu'il pose effectivement et correctement ce problème si décisif pour la théorie de la
monnaie, "un" Dühring préfère, pour de bonnes raisons secrètes, ne rien
dire de ces audaces illicites » [5].

Il est cependant un texte où le ton de l'éloge est délibérément emphatique ; un texte qui n'a été publié qu'en 1976, dans la seconde édition de la
Marx-Engels Gesamtausgabe (MEGA[2]). Il s'agit d'un commentaire à la
traduction du *de Anima* effectuée par Marx, à Berlin, en 1840 [6] – c'est-à-
dire à une époque où il n'en finissait pas d'achever sa thèse sur Démocrite

1. Selon l'expression de la *Lettre* qui vient d'être citée.

2. *Le Capital,* livre I, section I, chap. 1, § 3, trad. fr. J.-P. Lefebvre *et alii, op. cit.,* p. 68 :
« Tout le génie d'Aristote éclate précisément dans le fait qu'il découvre un rapport d'égalité
au sein de l'expression de la valeur des marchandises ». À la page précédente, une formule
analogue évoque le « grand savant qui analysa le premier la forme-valeur, ainsi que tant de
formes de la pensée, de la société et de la nature. J'ai nommé : Aristote » (p. 67).

3. *Cahiers d'étude sur la philosophie épicurienne* (1839-1840), cahier I, trad. fr.
M. Rubel, in *Œuvres III,* p. 807.

4. Lettre à Engels du 5 mars 1877 contenant les remarques de Marx sur l'*Histoire critique
de l'économie politique* d'E. Dühring (1877) ; lettre publiée in *Œuvres. Économie I,*
p. 1494-1495.

5. *Ibid.,* p. 1497-1498.

6. *Cf.* MEGA[2], vierte Abteilung, Bd. 1, Berlin, Dietz Vg., 1976, p. 155-182. Le cahier
manuscrit porte le titre : *Aristoteles de Anima II und III. Berlin, 1840 ;* il ne contient en réalité
que la traduction du livre III, accompagnée de brefs commentaires (20 p.), suivie de celle d'un
fragment du livre I (5 p., jusqu'à *de An.* I, 2, 404 b 7) sans aucun commentaire. Ce texte (noté
désormais MEGA[2], IV, 1) n'est pas traduit dans le volume des *Œuvres III* paru en 1982 ; il est
seulement cité en note de l'Introduction, p. LXXV, par M. Rubel.

et Épicure [1], et de résister, plus ou moins passivement, aux appels de Bruno Bauer en faveur d'un engagement plus décidé dans l'athéisme théorique et l'hégélianisme de gauche [2]. Les commentaires de Marx en marge de sa traduction sont rares, mais celui qui nous intéresse est éloquent ; il porte sur l'analyse aristotélicienne du *noûs tès psukhès* en *de Anima* III, 4 :

> La profondeur d'esprit aristotélicienne retourne de la plus étonnante façon les questions les plus spéculatives. C'est la manière d'un découvreur de trésor. Là où jaillit des buissons et des ravines, sous une modalité ou une autre, une source vive, là pointe infailliblement sa baguette de sourcier [3].

Aristote, donc, retournant le sol spéculatif et repérant à coup sûr la vie qui sourd d'une terre ingrate. Non seulement le penseur de la monnaie, mais aussi le découvreur de la vraie richesse de la pensée ; non seulement le théoricien de la *phusis*, mais aussi l'homme qui devine la fécondité cachée de la nature. Aristote réconciliant, par son analyse du *noûs*, l'idéalité pensée et la réalité objective. Aristote, en définitive, plutôt que Hegel ; le *noûs* plutôt que l'Esprit Absolu. D'où l'emphase.

L'ANALYSE FORMELLE DE LA VALEUR ET DE LA MONNAIE

Il peut sembler incongru d'affirmer que la question de l'essence de la valeur marchande est l'une des « questions les plus spéculatives » qui soient [4]. C'est pourtant le fil conducteur qu'il faut suivre pour cerner la nature du « génie » d'Aristote, d'une part, ses limites, d'autre part. Cette question suppose, en effet, pour avoir quelque chance d'être résolue, un

---

1. Thèse qui sera intitulée *Différence de la philosophie naturelle chez Démocrite et chez Épicure, avec un appendice*, et envoyée à Iéna pour être soutenue *in absentia* le 15 avril 1841 (désormais notée *D.D.E.*).

2. *Cf.* les lettres de B. Bauer citées par M. Rubel dans l'Introduction au volume des *Œuvres III*, p. LXXI-LXXVII.

3. « *Der aristotelische Tiefsinn wühlt auf die überraschendste Weise die spekulatisvsten Fragen auf. Er ist eine Art von Schatzgräber. Wo irgendwie unter Geträuch und Geklüft lebendiger Quell springt, da zeigt seine Wünschelruthe unfehlbar hin* », MEGA², IV, 1, p. 163.

4. Elle l'est du moins ironiquement, dans l'immédiateté du jeu de mot possible sur la « spéculation » ; *cf.* cette remarque de Marx à propos de la valeur-argent : « l'amour lui-même n'a pas fait plus d'idiots que les cogitations sur l'essence de la monnaie [...]. Les Hollandais [...] ont toujours été "divinement spirituels" dans les spéculations d'argent et n'ont jamais perdu l'esprit à spéculer sur l'argent », *Critique de l'économie politique*, section I, chap. 2, in *Œuvres. Économie I*, p. 317.

développement des analyses selon quatre directions : premièrement, la distinction entre la valeur d'usage et la valeur d'échange ; deuxièmement, celle entre l'apparence phénoménale de la valeur d'échange (qui semble être tout simplement un certain « *rapport quantitatif* suivant lequel des valeurs d'usage peuvent s'échanger entre elles » [1]) et son essence *formelle ;* troisièmement, l'analyse de la genèse de la monnaie ; et quatrièmement, l'étude de l'échange limité aux besoins et de celui qui vise au profit. Marx crédite Aristote, lorsqu'il le nomme « le grand savant qui analysa le premier la forme-valeur », d'une profondeur spéculative exemplaire relativement à ces quatre questions et il fonde ce jugement sur deux passages précis de l'œuvre du Stagirite : *Politique* I, 9-10 et *Éthique à Nicomaque* V, 8. Dans ces deux textes, en effet, Aristote tend à considérer les diverses manifestations de la valeur monétaire (or, argent, métaux), non comme des substances matérielles en elles-mêmes précieuses, mais comme des conventions pratiques d'expression de la forme-valeur. Il tend donc à subordonner la genèse de la monnaie, comprise comme *aspect phénoménal* déterminé de la valeur, *à l'essence formelle* de cette dernière, ou, pour le dire dans les termes de Marx, à la valeur *d'échange* eidétiquement différenciée de la valeur d'usage [2]. Ce n'est toutefois pas à dire qu'Aristote parvient à dégager totalement cette essence formelle. Ses deux textes présentent toutefois, à cet égard, des nuances notables sur lesquelles Marx ne s'arrête pas. Cette question demande donc à être examinée de plus près.

Au livre I, 9 de sa *Politique,* Aristote distingue deux usages (*khrèseis*) des choses que nous possédons : « L'un est l'usage propre (*oikeia*) de la chose (*pragma*), l'autre, l'usage non propre » [3]. Il est tout à fait remarquable que ces deux usages sont dits concerner la chose possédée « en tant que telle, mais pas en tant que telle de la même manière » [4], alors que dans l'*Éthique à Eudème* l'échange, c'est-à-dire « l'usage non propre », était considéré comme « accidentel » [5]. On peut en conjecturer qu'au fil de ses études économiques et politiques Aristote s'est persuadé de la nécessité de concevoir une dimension *naturelle* de l'échange destinée « à suffire à la

---

1. *Critique de l'économie politique,* section I, chap. 1, p. 278-279.
2. Même si son analyse demeure inachevée, Aristote fait ainsi mieux que l'économiste qui se réfugie dans une robinsonade sur l'origine naturelle de la monnaie et de toute forme de l'échange, cf. *supra* chap. III.
3. *Pol.*, I, 9, 1257 a 8 (pour les textes d'Aristote cités, sauf mention contraire, c'est nous qui traduisons).
4. *Ibid.,* 1257 a 7.
5. Cf. *Eth. Eud.* III, 4, 1231 b 37-1232 a 4.

satisfaction de nos besoins naturels » [1] ; par là même, cet usage des choses ne pouvait plus être compris comme accidentel, il fallait au contraire le comprendre comme *devant* naturellement avoir lieu et comme *devant* concerner la chose en son essence même. Ainsi, s'il est nécessaire, par exemple, que tous les habitants d'une cité soient chaussés, il faut un négoce (*kapèlikè*) de la chaussure, et de même, pour qu'une chaussure soit effectivement échangeable, il faut qu'elle soit *propre à* être portée, *appropriée à* sa nature de chaussure. Son échangeabilité concerne donc son essence même, elle la concerne *kath'auto* [2]. Mais, bien que concernant le *pragma* en lui-même cet usage n'en est pas l'usage propre, l'*oikeia khrèsis*, car la chaussure échangeable est, en réalité, appropriée à l'usage propre *d'un autre* ; c'est pourquoi l'échange concerne la chose en tant que telle, « mais autrement (*all'ouk homoiôs*)». Ceci signifie que «l'usage non propre» d'une chose dans l'échange est d'emblée conçu par Aristote comme un *rapport social* entre les hommes et que la notion d'*ouk oikeia khrèsis* représente effectivement une avancée, de fait assez « géniale» dans son style, vers ce que Marx nommera « le secret du caractère fétiche de la marchandise» – un secret qui signifie, comme on l'a vu, que la marchandise est un « rapport social déterminé des hommes eux-mêmes qui prend ici pour eux la forme phantasmagorique d'un rapport entre choses » [3].

Partant de la naturalité de l'échange, Aristote peut alors distinguer le négoce conforme à la nature, que l'on rencontre également dans les peuples barbares et qui peut prendre la forme du troc (*allagè*) [4], et sa dérive chrématistique [5]. Ce faisant, il réfère clairement l'apparition de l'échange

1. *Pol.* I, 9, 1257 a 30 (opposition de l'échange *kata phusin* et de celui *para phusin*). Voir également les lignes a 15-16 : l'échange trouve son principe et son origine naturelle (*kata phusin*) «en ce que les hommes ont certaines choses en trop et d'autres en quantité insuffisante ».

2. Marx écrit quant à lui, comme nous l'avons vu, que la valeur d'échange semble se résumer au « rapport quantitatif suivant lequel des valeurs d'usage peuvent s'échanger entre elles », ce qui suppose bien l'usage *sous* l'échange (Marx dira : le «travail vivant» *sous* le «travail socialement nécessaire»), donc l'utilisabilité de la chose sous la marchandise. Voir en outre cette proposition du *Capital* : « Toutes les marchandises sont des non-valeurs d'usage pour leur possesseur en même temps que des valeurs d'usage pour leurs non-possesseurs », livre I, section I, chap. 2, *op. cit.*, p. 97.

3. *Le Capital*, livre I, section I, chap. 1, § 4, p. 83.

4. Cf. *Pol.* I, 9, 1257 a 16-30 (*allagè* en a 25).

5. Au sens strict de l'enrichissement « sans limite (*apeiros*)» (1257 b 24) qui culmine dans le prêt à intérêt où l'argent «fait des petits » (I, 10, 1258 b 5). Il faut distinguer ce sens strict du sens large : en ce dernier cas, le terme vaut comme équivalent de « l'art naturel d'acquérir des richesses » et il arrive même à Aristote d'évoquer « la chrématistique naturelle,

généralisé – et, ultérieurement, celle de la perversion chrématistique de cet échange – à l'introduction de la monnaie :

> L'usage de la monnaie (*tou nomismatos khrèsis*) s'introduisit comme une nécessité. En effet, les différentes choses nécessaires aux besoins naturels n'étant pas toujours d'un transport facile, on se mit par suite mutuellement d'accord, en vue des échanges, pour donner et recevoir une certaine chose qui, tout en étant elle-même utile, offrît l'avantage de se transmettre aisément de la main à la main pour assurer les besoins de la vie (*pros to zèn*) ; on prit, par exemple, le fer, l'argent, ou quelque autre chose que l'on délimita tout d'abord par la grandeur et le poids, et enfin par l'apposition d'une empreinte [1].

Ce texte dit assez que – comme Marx le répétera avec constance – la monnaie n'a pas de valeur *naturelle,* qu'elle n'est qu'une marchandise parmi d'autres, dont l'utilité consiste à faciliter l'échange, et que son choix est, sur la base d'un accord autour des qualités naturelles d'une certaine *matière*, un choix *conventionnel* [2]. Mais, s'il valait la peine de faire une aussi longue citation, c'est surtout pour juger de ce que ce texte *ne dit pas...* et que ses traducteurs lui font sans doute trop aisément dire. Ce qu'Aristote omet de préciser c'est, premièrement, en quoi et pourquoi la circulation de la monnaie de main en main peut être *pros to zèn* (1257 a 37), et, deuxièmement, *ce que* l'on a délimité par la grandeur et le poids de l'or ou de l'argent. Il est certain en effet que le terme de « valeur (*axion*) » ne *figure pas* dans la phrase « on délimita par la grandeur et le poids » [3]. On le trouve, certes, une page plus bas, lorsque Aristote prend, à l'appui de la thèse du conventionnalisme de la monnaie, l'exemple du changement d'étalon monétaire, et écrit que la monnaie courante « perd [alors] toute valeur et

---

hè khrèmatistikè kata phusin) » (I, 9, 1257 b 201 ; *cf.* I, 3, 1253 b 11-14 ; 9, 1257 b 35-40). Marx consacre une longue note à ces deux sens de la chrématistique, in *Le Capital,* livre I, section II, chap. 4, p. 172 n. 6.

1. *Pol.* I, 9, 1257 a 33-40. Le lien avec l'infinitisation chrématistique est précisé en 1257 b 1-2.

2. Entre autres textes de Marx, on peut citer celui-ci qui vaut par sa précision : « Alors que seule une marchandise spécifique peut fonctionner comme mesure des valeurs et donc comme monnaie dans un pays, diverses marchandises peuvent servir de monnaie à côté de l'or », *Critique de l'économie politique,* section I, chap. 2, p. 369. Voir également, dans ce même ouvrage, la note de Marx qui cite longuement *Pol.* I, 9, *ibid.,* p. 374-375 n. (c).

3. Il figure, en revanche, aussi bien dans la trad. fr. de J. Tricot (éd. Vrin) que dans celles de J. Aubonnet (éds. Belles-Lettres) et de P. Pellegrin (éd. G.-F.). Marx, sauf erreur, ne le sous-entend *jamais* dans ses nombreux commentaires de *Pol.* I, 9, cf. *Œuvres. Économie I,* p. 277, 375, 397, 417, 621, 628, 712.

toute utilité pour les nécessités de la vie»[1] ; mais cette occurrence n'explique précisément pas ce qu'est, en son essence, la *grandeur* de la valeur monétaire, elle la *présuppose* simplement en parlant de perte de valeur. De fait, Aristote sous-entend ce que l'usage d'une monnaie implique toujours, à savoir qu'elle puisse mesurer, par son poids, par sa configuration physique ou par l'empreinte, la *valeur*[2]. Il sous-entend sans le démontrer réellement que délimiter le métal, c'est déterminer des *quantités* de valeur. Or, s'il ne peut que procéder ainsi, c'est qu'il n'est pas en mesure de fournir la théorie de la détermination quantitative de la valeur. La question est donc de savoir ce qui lui fait obstacle. Rien d'autre, à vrai dire, que sa conception de *l'origine extrinsèque* de la monnaie : ce texte ne permet pas de comprendre *ce que* mesure la monnaie parce qu'il attribue sa création au fait, en lui-même étranger à l'analyse des *formes propres* de l'échange, que les marchandises ne sont «pas toujours d'un transport facile (*ou eubastakton*)»[3]. Par là, la détermination de la *forme* monnaie se trouve dévoyée de la direction pourtant fermement prise par l'étude antérieure des usages «propre» et «non propre». Autant, en effet, la différence eidétique entre les deux aspects d'une chose de l'usage avait été expressément marquée, autant l'essence formelle de la monnaie est à présent laissée dans le vague : la monnaie est une délimitation, une mesure conventionnelle, mais de quoi ? Quel rapport établit-elle, et comment, entre deux choses différentes et devant être échangées pour satisfaire des besoins vitaux ? Qu'elle soit d'un transport facile est une chose, qu'elle rende les marchandises *commensurables* en est une autre.

Si Marx ne semble pas s'être avisé de cette difficulté du livre I de la *Politique,* il a vu et fortement souligné que l'*Éthique à Nicomaque* contient, quant à elle, une théorie rigoureuse de la forme-valeur ; une théorie qui n'envisage plus la question de la valeur sous l'angle chronologique (celui qui, dans la *Politique*, conduit Aristote à des considérations sur les difficultés du transport des marchandises lorsque le volume des échanges s'accroît), mais sous l'angle de la *genèse des formes.* Cependant, pour rigoureuse quelle soit, cette seconde analyse viendra elle aussi se

---

1. *Pol.* I, 9, 1257 b 12.
2. La ligne 1257 a 41 ajoute que l'empreinte est le «signe de la quantité [de métal] (*tou posou sèmeion*)» – ce qui est significatif de l'embarras d'Aristote car, si l'empreinte n'était que cela, on n'aurait en aucune façon frappé, avec elle, une *monnaie.*
3. *Pol.* I, 9, 1257 a 34.

briser sur une impossibilité dont Marx repérera parfaitement, cette fois-ci, la cause [1].

L'étude de la monnaie, en *Eth. Nic.* V, 8, vient interrompre des développements sur la vertu de justice, et c'est l'évocation de la doctrine pythagoricienne selon laquelle l'essence de la justice est la réciprocité (*to antipeponthos*) qui est l'occasion de cette *apparente* digression [2]. C'est qu'en effet, remarque Aristote, cette définition de la justice, si elle ne convient nullement à son acception politique [3], peut rendre compte de ce qu'est un échange juste au sein d'une communauté humaine [4], à condition toutefois de considérer « la réciprocité selon la proportion et non selon l'égalité. Par cette réciprocité-là s'affermit la cité » [5]. On pourrait croire, en lisant ces lignes, qu'Aristote entend prôner un échange quantitativement ou qualitativement inégal entre individus ; un échange qu'il considérerait comme juste *à proportion* de son inégalité dans la mesure où cette dernière serait fondée sur des différences justifiées entre les individus. En fait il n'en est rien, et c'est là que réside le tour proprement *eidétique* de l'analyse aristotélicienne : la réciprocité proportionnelle signifie, d'une part, que son modèle est l'analogie mathématique à quatre termes [6], et d'autre part, et ceci est l'essentiel, que pour réaliser cette analogie mathématique il faut nécessairement considérer que les choses échangées sont en quelque façon commensurables. C'est qu'en effet la proportion concerne *les choses produites,* les *erga* (les « ouvrages », avons-nous traduit). C'est forcer le sens du texte que de rendre ici *ergon*, soit par « produit du travail », soit, plus directement encore, par « travail » [7], car Aristote précise bien que le

1. En particulier au chap. 2 de sa *Critique de l'économie politique, op. cit.,* p. 321 n. (a), et au livre I du *Capital,* section I, chap. I, § 3, p. 67-68 (on se souvient qu'au début de ce passage Marx a qualifié Aristote de « grand savant qui analysa le premier la forme-valeur »).

2. Cf. *Eth. Nic.* V, 8, 1132 b 31-1133 b 28.

3. Car il n'est pas forcément conforme à la justice politique de rendre le coup reçu, *cf.* 1132 b 23-30.

4. Le terme *koinônia*, qu'Aristote emploie systématiquement dans ce passage, désigne un groupe non nécessairement organisé en *polis.*

5. *Eth. Nic.* V, 8, 1132 b 32-34.

6. *Cf.* 1133 a 5-10 : « Ce qui réalise l'échange selon l'analogie, c'est l'assemblage par la diagonale. Soit A, par exemple, un architecte, B, un cordonnier, C une maison et D une chaussure. Il faut faire en sorte que l'architecte reçoive du cordonnier son ouvrage (*ergon*), et qu'il lui donne en contrepartie son propre ouvrage ». Nous justifierons dans un instant la traduction d'*ergon.*

7. Solutions adoptées par J. Tricot dans sa trad. fr. d'*Eth. Nic.* V, 8 (*Éthique à Nicomaque,* Paris, Vrin, 1972, p. 240-241). La fin du texte cité est traduite ainsi : « il faut faire en sorte que l'architecte reçoive du cordonnier le produit du travail de ce dernier, et lui donne en contre-

problème est de trouver « combien de *chaussures* équivalent à une *maison* » [1]. À aucun moment il n'envisage que la grandeur de la valeur puisse être le temps ou le quantum de travail ; c'est même là que Marx voit – à juste titre – la limite de ce sommet de la pensée *antique :*

> Aristote nous dit lui-même ce sur quoi le développement de son analyse échoue : il lui manque le concept de valeur. Quel est donc cet égal, c'est-à-dire la substance commune, que représente la maison pour le lit dans l'expression de valeur du lit ? Une chose de ce genre, nous dit Aristote, "ne peut pas exister en vérité". Pourquoi ? Face au lit, la maison représente un égal dans la mesure où elle représente et dans le lit et dans la maison quelque chose d'effectivement égal. Et ce quelque chose c'est du travail humain (*menschliche Arbeit*).
>
> Mais ce qu'Aristote ne pouvait pas lire dans la forme-valeur proprement dite, c'est que, sous la forme des valeurs marchandes, tous les travaux sont exprimés comme du travail humain égal, comme du travail valant donc la même chose, et cela parce que la société grecque reposait sur le travail des esclaves, et qu'elle avait donc pour base naturelle l'inégalité des hommes et de leurs forces de travail [2].

Il n'en demeure pas moins qu'Aristote, s'il échoue à déterminer la grandeur de la valeur, en théorise rigoureusement la forme comme devant être celle de l'*équivalence* entre choses différentes : « toutes [les choses échangées] doivent être en quelque façon commensurables (*panta sumblèta dei pôs einai*) » [3]. Il n'y aura dès lors d'échanges réels dans une communauté que si ses membres s'accordent, par convention, « en quelque façon [sur] un moyen terme (*pôs meson*) » [4]. Tout ce qui précède tend à suggérer que ce *meson* ne peut être qu'un abstrait, c'est d'ailleurs ce qu'induit le concept bivalent *pôs* : le « moyen » ne doit pas être conçu, si l'on suit la logique d'Aristote, comme une simple réalité, sans quoi on répèterait l'erreur que le Stagirite impute aux physiologues qui affirmaient

---

partie son propre travail ». *Ergon* est à nouveau traduit par « travail » en 1133 b 5, puis par « œuvre » en 1133 a 34.

1. 1133 a 22 (nous soulignons). Ou, en 1133 b 20-28, combien de *lits* équivalent à une *maison*.

2. *Le Capital*, livre I, section I, chap. 1, § 3, p. 68. Même analyse dans la *Critique de l'économie politique*, chap. 2, p. 321, n. (a).

3. *Eth. Nic.* V, 8, 1133 a 19. *Pôs einai* désigne toujours, chez Aristote, une façon d'être paradoxale : être tout en n'étant pas.

4. *Ibid.*, 1133 a 20. L'idée de l'accord conventionnel, déjà rencontrée en *Pol.* I, 9, s'enrichit donc ici de celle de moyen terme.

tout uniment que l'âme *est* toutes choses [1]. Or, c'est ce saut délibéré dans la substantialisation de la forme-valeur qui va pourtant être opéré, dans l'*Éthique à Nicomaque*, en ces termes : « C'est à cette fin [*i.e.* : de commensurabilité] que la monnaie a été introduite, devenant une sorte de moyen terme, car elle mesure toutes choses et par suite l'excès et le défaut » [2].

Marx note qu'Aristote « se tire d'embarras en rendant commensurable par l'argent, dans la mesure où cela est nécessaire pour les besoins pratiques, ce qui est en soi incommensurable » [3] ; et il est vrai que, lisant cette solution de l'*Éthique à Nicomaque* (une solution qui n'est guère qu'un pis-aller), on n'apprend nullement *ce que* mesure la monnaie. On ne comprend pas davantage comment cinq lits, par exemple, peuvent équivaloir à une maison, puisque Aristote serait bien en peine de préciser *pourquoi,* sachant que la « mine »est une unité monétaire, « une maison vaut cinq mines, autrement dit est égale à cinq mines » [4]. D'où vient cette grandeur de la valeur ; d'où vient ce cinq ? Mystère persistant de l'origine.

L'apport théorique de l'*Éthique à Nicomaque* par rapport à la *Politique* est donc à la fois considérable et faible. Il est considérable parce que dans l'*Éthique,* comme Marx le voit bien, « le génie d'Aristote [...] découvre un rapport d'égalité au sein de l'expression de valeur des marchandises » [5] et abandonne la (trop) simple caractérisation empirique de la monnaie comme marchandise facile à transporter. Mais il reste faible parce que la grandeur de la valeur, de l'aveu du Stagirite lui-même, reste dans l'indétermination. La question de la valeur aura donc finalement résisté aux efforts spéculatifs d'Aristote.

MARX, ÉPICURE ET ARISTOTE : IDÉALITÉ, MATIÈRE ET SENSATION

Si l'on n'est guère surpris par le fait que les analyses aristotéliciennes de l'échange et de la monnaie ont été commentées par Marx, et si, au vu de ce qui vient d'être dit, on conçoit qu'il leur accorde un statut privilégié, il est en revanche bien plus étonnant que le *de Anima* ait également retenu

---

1. Cf. *de An.* I, 5, 409 a 31-b 28.
2. V, 8, 1133 a 19-21.
3. *Critique de l'économie politique,* chap. 2, p. 321, n. *(a).* Marx commente ici les lignes 1133 b 19-20 : « Si donc il est en vérité impossible de rendre commensurables (*summetra*) des choses si différentes, pour nos besoins courants on peut y parvenir de façon suffisante », à savoir par la monnaie.
4. *Eth. Nic.* V, 8, 1133 b 24.
5. *Le Capital,* livre I, section I, chap. 1, § 3, p. 68.

l'attention de l'auteur du *Capital* et ait même suscité son admiration. On pourrait être tenté de l'expliquer en adoptant une perspective althussérienne, autrement dit en considérant qu'en 1840 Marx était «encore philosophe», donc encore idéaliste. Mais nous voudrions plutôt établir deux choses, à nos yeux plus déterminantes :

– d'une part, que les écrits de la période 1839-1940, y compris la thèse de Marx sur Démocrite et Épicure, esquissent tous une dialectique du *noûs* qui dépasse l'opposition entre matérialisme et idéalisme et qui culmine dans la lecture du *de Anima,*

– d'autre part, que l'admiration de Marx pour ce dernier texte provient de la profondeur avec laquelle Aristote y analyse, à propos du *noûs*, la différence entre le *to ti èn einai* et le *ti esti* [1] (différence sur laquelle nous allons revenir, mais dont on peut dire dès à présent qu'elle n'était autre, dans les analyses précédentes, que celle de l'essence formelle et de l'aspect phénoménal de la valeur et de la monnaie – c'est-à-dire celle qui plaçait Aristote devant l'aporie de l'origine de la monnaie).

Lorsque Marx présente en 1841 son étude sur la *Différence de la philosophie naturelle chez Démocrite et chez Épicure* il n'ignore pas que l'épicurisme fait traditionnellement figure d'«appendice presque inconvenant» [2] dans l'édifice de la philosophie grecque. Il se propose néanmoins de montrer que l'atomisme d'Épicure, à la différence de celui de Démocrite [3], est tout entier une «*science naturelle de la conscience de soi*» [4], et qu'en fait de matérialisme il s'agit bien plutôt avec lui de la pensée d'un *Aufklärer,* et même de celle du «plus grand *Aufklärer* grec» [5]. Autrement dit, l'apparent «appendice» qu'est l'épicurisme constitue la dernière figure authentique de la pensée grecque, la figure où elle «se brise», écrit Marx dans un de ses cahiers de travail [6] ; celle qui, se brisant, révèle ce que

---

1. «*Sc. das Wesen und die Existenz, essentia und existentia*», commente Marx, *in* MEGA², IV, 1, p. 162.

2. *D.D.E.*, in *Œuvres III*, p. 19 (partie I, § 1).

3. Cette différence est dite «essentielle», p. 21.

4. *Ibid.*, p. 64. C'est la conclusion de l'ouvrage, et elle est soulignée par l'auteur : «Chez Épicure, *l'atomistique*, avec toutes ses contradictions, est [...] *science naturelle de la conscience de soi*. [...] Pour Démocrite, au contraire, l'*atome* n'est que *l'expression objective générale de l'étude empirique de la nature*».

5. *Ibid.*, p. 63. *Aufklärer*, tout d'abord au sens où Lucrèce a pu rendre hommage à un Épicure triomphant des superstitions religieuses ; mais aussi au sens de la philosophie *idéaliste* allemande.

6. Cf. *Cahiers sur la philosophie épicurienne*, cahier I, in *Œuvres III*, p. 807.

la philosophie grecque était par essence depuis son origine, à savoir une philosophie du *noûs* qui, des Sept Sages mythiques à Épicure, en passant par Anaxagore et Socrate, aura parcouru toutes les étapes dialectiques de l'opposition entre la réalité et l'idéalité conçue par le sage [1].

L'essentiel de la démonstration de Marx dans sa thèse se trouve au chapitre v de la seconde partie, qui porte sur le statut des corps célestes, ou météores. Cette démonstration se fonde sur l'interprétation antérieure des *atomoi arkhai* épicuriens comme «forme absolue et essentielle de la nature» [2], c'est-à-dire comme représentation pensée de la matière selon le modèle *formel* de la subjectivité [3]. Selon Marx, avec cette théorie de la matière Épicure porte à son paroxysme l'antinomie entre l'essence et l'existence concrète. S'il triomphe par là aisément de la matière physique, en abordant la question de l'existence et du statut des corps célestes il se trouve, en revanche, aux prises avec toute une tradition de pensée grecque pour laquelle les météores sont bel et bien l'équivalent d'«atomes devenus réels» [4]. Il s'ensuit que, devant semblable risque de réification du principe *formel* de l'ensemble de sa pensée de la matière, Épicure va nécessairement être conduit à nier l'existence des corps célestes. Aussi Marx écrit-il :

> Dans les météores, la conscience abstraitement singulière voit se refléter sa propre réfutation matérielle, l'universel devenu existence et nature. Voilà pourquoi elle reconnaît en eux son ennemi mortel [...]. Ici, le vrai principe d'Épicure, la conscience abstraitement singulière, cesse donc de se cacher. Elle sort de sa retraite [5].

1. *Cf.* cette remarque : «le caractère par lequel la philosophie grecque entre en scène, ce mythe des Sept Sages qui s'incarne en Socrate, centre et démiurge de cette philosophie, je veux dire le caractère du sage – du *sophos* –, est-ce fortuitement qu'il s'affirme dans ces systèmes [épicurien, stoïcien, sceptique] comme la réalité de la science véritable ?», *D.D.E.*, p. 21. Sur la figure du Sage, voir aussi *Cahiers sur la philosophie épicurienne*, cahier II, p. 816-823.

2. Cf. *D.D.E.*, p. 50, et, pour la différence avec Démocrite, p. 64.

3. Cf. *D.D.E.*, p. 61 : «L'atome est la matière sous la forme de l'autonomie, de la singularité, en quelque sorte la pesanteur représentée». On comprend par là ce que signifiait la formule selon laquelle l'atomisme d'Épicure était en fait «une science naturelle de la conscience de soi» : elle voulait dire que le mode d'être de l'atome épicurien est pensé selon la *Selbstbewusstsein*.

4. Au sens où les Grecs les conçoivent comme des corps individualisés et impérissables.

5. *Ibid.*, p. 62. L'athéisme d'Épicure est attesté, en particulier, par sa *Lettre à Pythoclès* (*cf.* Diogène Laërce, *Vies des philosophes illustres*, X, 81). Voir aussi cette autre remarque de Marx : «dans la théorie des météores, c'est donc l'âme de la philosophie épicurienne de la nature qui se manifeste» (p. 63).

L'*ataraxia* du sage épicurien est à ce prix, et Marx y voit l'affirmation ultime de «*l'esprit subjectif*» grec [1], celui qui, dès le début de la pensée grecque, s'incarne dans les Sept Sages, avant de s'affirmer, chez Anaxagore et sous le nom de *noûs*, comme principe universel qui «intervient activement partout où il n'y a pas de certitude naturelle; [qui] est en lui-même le *non ens,* le non-être du naturel, l'idéalité» [2]. Épicure marque donc le terme de ce que l'on pourrait nommer, en transposant une formule de Hegel, l'Odyssée du *noûs* [3]. Or, il apparaît, à la lecture des cahiers préparatoires à la thèse de 1841, que l'interprétation par Marx de ce mouvement de l'esprit grec s'interrompt à Platon, ou plus exactement aux commentaires d'Aristote sur Platon – Platon représentant le moment où le mouvement de la subjectivité grecque devient pleinement idéel [4] et la critique d'Aristote portant sur la similitude d'organisation que Platon postule entre ce monde idéel et le monde concret, c'est-à-dire, ultimement, sur les doctrines de la «participation» et des Idées-nombres [5]. Si l'on considère, en outre, que la thèse de 1841 étudie l'ensemble de la pensée post-aristotélicienne, on voit que les notes sur le *de Anima* rédigées en 1840, et publiées aujourd'hui dans l'édition MEGA[2], concernent très exactement le travail de commentaire laissé en suspens par les *Cahiers sur la philosophie épicurienne,* c'est-à-dire l'analyse de la théorie aristotélicienne du *noûs.* C'est donc dans cette optique qu'il faut les lire.

1. *Cahiers sur la philosophie épicurienne,* cahier II, p. 819.

2. *Ibid.,* p. 817. *Cf.* Aristote : «Anaxagore ne se sert de l'Intelligence (*noûs*) que comme un *deus ex machina* pour la formation de son univers : quand il est embarrassé d'expliquer pour quelle cause telle chose est nécessaire, il tire alors sur la scène l'Intelligence», *Métaph.* A, 4, 985 a 18-20 (trad. fr. J. Tricot).

3. Il est clair que les analyses des *Cahiers sur la philosophie épicurienne* (*cf.* cahier II, *op. cit.,* p. 816-823) et de la *D.D.E.* sont inspirées par la dialectique hégélienne. Est-ce la confirmation que, décidément, Marx était à cette époque «encore philosophe» et qu'il lui aura fallu rompre avec cette jeunesse philosophique pour devenir lui-même ? N'est-ce pas plutôt l'ensemble de sa pensée qui est une tentative, jamais totalement aboutie, pour surmonter *philosophiquement* la puissance et l'attraction de la dialectique hégélienne ?

4. *Cf. Cahiers..., op. cit.,* p. 822 : «Tandis que Socrate n'a découvert que le nom de l'idéalité, qui est passée de la substance [: Anaxagore] dans le sujet [: le *daimôn* de Socrate], et qu'il a personnifié consciemment ce mouvement, le monde substantiel de la réalité prend une forme vraiment idéalisée dans la conscience de Platon».

5. *Cf.* les notes rapides qui concluent le cahier II (p. 822-823). Pour la critique de la «participation» voir Aristote, *Métaph.* A, 9, 991 a 20-b 9, et, pour celle des Idées-nombres, 991 b 9-992 a 23 et l'ensemble des livres M et N de la *Métaph.*

Peu de remarques sont à faire sur les notes de Marx relatives au livre III, 1 du *de Anima*, car on n'y trouve en fait qu'un seul commentaire. Cette brève glose, qui accompagne la traduction proposée par Marx, peut néanmoins nous intéresser dans la mesure où elle permet d'établir un parallèle méthodologique entre la lecture du traité aristotélicien et les travaux de Marx sur l'atomisme d'Épicure. Elle se trouve en regard de la ligne 425 a 7, à la fin d'un paragraphe où Aristote a amorcé l'étude du sens commun en niant l'existence d'un sixième sens, car les cinq sens suffisent pour que « toutes les qualités [soient] perçues à travers des milieux (*dia tôn metaxu, durch ein Medium), et non par contact direct ; nous les sentons grâce aux corps simples (*tois haplois, einfachen)* » [1]. Toute sensation nécessite donc un « milieu » entre l'organe sensoriel, le corps sensible et les Simples (Eau, Terre, Air et Feu) ; ainsi, le toucher (*hè aphè*) n'est-il pas par essence contact avec la Terre, mais sensation dévoilante de la Terre lors de la sensation des corps physiques, au travers du *metaxu* de la chair [2]. La Terre est donc « spécifiquement conjointe (*idiôs memiktai, spezifisch zugemischt)* » [3] au toucher. Marx commente alors en ces termes :

> *Die aphè als Sinn der abstrakten Materialität, der Schwere und ihrer physischen Besondrung in Cohaesion, etc.* : le toucher en tant que sens de la matérialité abstraite, de la pesanteur et de sa caractérisation physique par la cohésion, etc. [4].

Ce commentaire montre que Marx a clairement vu que la Terre n'est pas à considérer comme un pur et simple élément ontique, et qu'ici *memiktai* n'a pas le sens d'un « mélange » ou d'une « composition » substantiels (au sens où, certes, c'est une main "terrestre" qui touche un objet lui-même "terrestre"), mais signifie plutôt *être joint à* « la matérialité abstraite » elle-même. Avec cette analyse du toucher, Aristote fait donc tout autre chose que de décrire une expérience ontique ; il théorise l'ouverture sensible de l'homme au mode d'être de l'étant tangible –de même qu'Épicure théorisait, avec l'atome, le mode d'être de la matière. Mais,

---

1. Aristote, *de An*. III, 1, 424 b 29-30 (nous indiquons également la traduction de Marx *in* MEGA², IV, 1, p. 155).

2. Cf. *de An*. II, 11, 423 b 12-26 : l'organe du toucher est *interne*, c'est le coeur. Quant au rapport aux Simples (ici, la Terre), il est *alèthès*, au sens du *dévoilement* plutôt que de la vérité-adéquation. Il en est de même du rapport de la sensation aux « sensibles propres » (ici, le tangible), *cf*. III, 3, 427 b 12 : « la sensation des sensibles propres est toujours dévoilante (*hè aisthèsis tôn idiôn aei alèthès*) » (Marx traduit *alèthès* par *wahr*, *cf*. MEGA², IV, 1, p. 159).

3. III, 1, 425 a 7 et MEGA², IV, 1, p. 156.

4. MEGA², IV, 1, p. 156.

autant, chez le second, l'être de la matière, la « matérialité abstraite », était conçu sur le modèle de la *Selbstbewusstsein,* autant, chez le premier, l'analyse de l'*aisthèsis* interdit absolument l'emploi d'un tel modèle. Ce point devient manifeste au chapitre III, 2 du *de Anima,* et Marx en est si pleinement conscient qu'il note en exergue à la traduction de ce chapitre :

> *Anmerkung. Diess Kapitel ist eins der schwierigsten im Aristoteles und bedarf, da es vielen Anlass zur Missdeutung giebt, der Erlaüterung, vide commentarium: Remarque.* Ce chapitre est l'un des plus difficiles d'Aristote et demande une interprétation, un commentaire, car il y a là de nombreuses causes d'erreur [1].

En fait, son commentaire se résumera à une seule remarque, mais décisive, sur l'analyse aristotélicienne de la sensation comme « *energeia* conjointe du sentant et du senti » [2]. L'analyse d'Aristote est la suivante : « sentir par la vue (*to tèi opsei aisthanesthai*) » [3], c'est aussi bien voir quelque chose de visible (dimension ontique de la vision), que voir que l'on y voit, que l'on est voyant : *opsetai tis to horôn* [4] (dimension ontologique : voir, en quelque sorte, du non visible). Voir, et l'analyse vaut pour tous les sens, est donc une donation conjointe de *l'être-voyant en acte* et de *l'être-visible en acte,* du Voir et du Visible. Chez Aristote, ce dévoilement réciproque a pour nom *energeia* [5] ; en lui la vision et le visible atteignent leur *commune effectivité,* alors que par ailleurs, quant à leur être (*to einai*), ils diffèrent [6]. Marx livre alors ce commentaire :

---

1. MEGA², IV, 1, p. 157.

2. *De An.* III, 2, 425 b 11-426 a 15.

3. *Ibid.,* 425 b 18.

4. *Ibid.,* 425 b 19.

5. Marx traduit par « *Energie* » (MEGA², IV, 1, p. 157 *sq.*). C'était déjà la solution retenue par Hegel dans ses leçons sur Aristote (cf. *Leçons sur l'histoire de la philosophie,* Philosophie grecque, t. III « Platon et Aristote », trad. fr. P. Garniron, Paris, Vrin, 1972, p. 518-524, p. 574-576). Lorsqu'il commente lui-même ce passage du *de An.,* Hegel traduit *energeia* par *Wirksamkeit* (p. 575, p. 518 n. a).

6. Cf. *de An.* III, 2, 425 b 25-27. Marx traduit *to einai* par *die Existenz* (MEGA², IV, 1, p. 157), c'est-à-dire comme Hegel (cf. *Leçons sur l'histoire de la philosophie, op. cit.,* p. 575 : « la vision, l'audition, etc., ne sont qu'une seule efficacité *(Wirksamkeit),* mais qui est différenciée selon l'existence ; il y a un corps qui résonne et un sujet qui entend, l'être est de deux sortes, mais l'audition par elle-même est intérieurement une, elle est une seule efficacité »). Il faut donc comprendre *Existenz* au sens du donné ontique, au sens du divers (l'oreille, d'un côté, le son, de l'autre) que l'acte rassemble. Hegel *et* Marx *partent du donné* et le réunissent dialectiquement dans l'effectivité ; Aristote, lui, ne hiérarchise pas les moments corrélés de l'expérience, son analyse n'est donc pas tant dialectique que phénoménologique.

Was Aristoteles will, dass das Subjekt, die aisthèsis als solches sich constituiren kann am Prädicat, diess nicht mechanisch auf es wirkt: Ce qu'Aristote veut c'est que le sujet en tant que tel puisse se donner constitutivement l'aisthèsis comme prédicat, et ce non mécaniquement par rapport à ce sur quoi il agit [1].

C'est là, sans doute, une interprétation de type hégélien plutôt que strictement aristotélicien, car elle comprend l'*energeia* comme moment du passage dialectique de l'être donné à l'essence pensée. Elle a néanmoins le mérite de refuser toute conception mécaniste, de type cartésien, de la sensation, et de faire de cette dernière un prédicat *essentiel* du sujet humain : l'Odyssée du *noûs*, puisque aussi bien nous sommes déjà entraînés par Marx sur ce terrain, commence dès la sensation. Venons-en donc au chapitre III, 4, consacré au *noûs*, qui est celui que Marx commente le plus abondamment [2].

Ce qui importe surtout, c'est de spécifier dans quelle mesure l'analyse aristotélicienne du *noûs* « retourne de la plus étonnante façon les questions les plus spéculatives » et, en particulier, celle des rapports entre la réalité et l'idéalité. Qu'est-ce donc que le *noûs* aristotélicien ? C'est, en son sens le plus large, cette « partie de l'âme par laquelle l'âme connaît et pense » [3]. Quant à savoir si cette partie est *réellement* distincte des autres ou ne l'est que *pour l'analyse* (*kata logon*), c'est une question qui requiert l'examen préalable de sa fonction, l'intellection (*to noein, das Denken*). Or, on ne peut qu'être frappé de voir Aristote recourir, au seuil de l'étude du processus d'intellection, à une analogie avec la... sensation, qui n'est guère différente que celle qu'il reprochait aux premiers physiologues puisqu'il écrit : « si donc l'intellection est analogue à la sensation (*ei dè esti to noein hôsper to aisthanesthai*) » [4]. Mais c'est qu'évidemment *hôsper* ne signifie pas ici, comme c'était le cas chez les physiologues, que la connaissance s'identifie à la sensation – auquel cas elle deviendrait « une réalité corporelle (*sômatikon*) » [5] –, mais que, comme la sensation, elle peut

---

1. MEGA², IV, 1, p. 158.

2. On ne trouve plus ensuite qu'un seul commentaire (relatif à *de An.* III, 6, *cf.* MEGA², IV, 1, p. 164).

3. *De An.* III, 4, 429 a 10. Marx traduit selon le sens large : *Theil der Seele, durch welchen die Seele erkennt und vernunftig ist* (MEGA², IV, 1, p. 161). On notera que cette définition initiale du *noûs* par Aristote inclut aussi bien la pensée discursive que le jugement en général (voir aussi *de An.* III, 4, 429 a 23).

4. *Ibid.*, III, 4, 429 a 13. Pour la critique de cette même formule, attribuée aux physiologues, *cf.* III, 3, 427 a 19-b 6.

5. *Ibid.*, III, 3, 427 a 27.

s'analyser selon la puissance et l'acte [1]. Connaître ou penser est dès lors, par analogie avec sentir, et par «retournement» des thèses des physiologues, «une sorte de passion (*paskhein ti*) sous l'action de l'intelligible» [2], et, avant de devenir semblable en acte à l'intelligible, l'intellect n'est rien encore, sinon une pure puissance d'intellection. D'où un second «retournement spéculatif», celui de la théorie d'Anaxagore : on peut accorder à Anaxagore que le *noûs*, «puisqu'il pense toutes choses, doit nécessairement être sans mélange (*amigè*) pour dominer, c'est-à-dire pour connaître» [3]. La pure puissance d'intellection est en effet, si l'on veut le dire en ces termes, «sans mélange», et elle est également «pouvoir» (mais non plus celui d'un *deus ex machina*). D'où enfin, au terme d'une série de réinterprétations aussi décisives que prestement conduites, un troisième «retournement» des théories antérieures, celui du platonisme : «On a raison de dire que l'âme est le lieu des formes (*tèn psukhèn einai topon eidôn*), à la réserve que ce n'est pas l'âme tout entière mais l'âme intellectuelle (*hè noètikè*), et qu'il ne s'agit pas de formes en entéléchie mais seulement en puissance» [4]. Rien ne vient donc se graver dans l'âme ; rien, pas même, comme dans l'image – d'ailleurs provisoire – du *Théétète,* les notions provenant des sensations [5]. C'est pourquoi, lorsqu'Aristote emploie lui aussi la même image de la cire c'est, *négativement,* pour souligner une fois de plus que le *noûs* n'est rien en acte avant de penser, et qu'il en va avec lui «comme d'une tablette où rien ne se trouve inscrit en entéléchie» [6]. Que rien ne soit inscrit en entéléchie dans le *noûs* avant qu'il ne pense, ne signifie nullement que quelque chose s'y inscrive *en acte* lorsqu'il pense ! Autrement dit, l'*energeia* conjointe du savoir et de son objet, en laquelle se résume finalement la théorie aristotélicienne de la science, semble bien demeurer, au niveau du *noûs* au sens strict, *tendancielle* puisqu'aussi bien, la *noèsis noèseôs noèsis* reste un Acte pur divin.

---

1. *Cf.*, pour la sensation, *de An.,* II, 5 en entier, où la distinction entre *dunamis* et *energeia* permet un premier retournement spéculatif, celui de la théorie des physiologues selon laquelle «le semblable pâtit sous l'action du semblable». On remarquera que l'exemple pris dans ce chapitre consacré à la sensation n'est autre que celui de «l'être savant» (417 a 21-b2).

2. *Ibid.,* III, 4, 429 a 14. Marx traduit : *ein Leiden von dem Gedachten.*

3. *Ibid.,* 429 a 18-20.

4. *De An.* III, 4, 429 a 27-29.

5. *Cf.* Platon, *Théét.* 191 d 3-196 c 1.

6. *De An.* III, 4, 430 a 1. Trad. de Marx : «*Der* noûs *ist so wie ein Buch, in dem nichts wirklich geschrieben ist*».

En ce point de l'analyse, le *de Anima* propose l'exemple qui est à l'origine du commentaire enthousiaste de Marx que nous avons déjà évoqué. Voici le texte :

> Autre est la grandeur, autre l'être de la grandeur (*to megethos kai to megethei einai*) ; de même que pour l'eau et l'être de l'eau –et en de nombreux autres cas, mais non pas en tous car en certains il y a identité. Il s'ensuit que l'on juge de l'être de la chair et de la chair (*to sarki einai kai sarka*) soit par des facultés différentes soit par la même se comportant différemment (*è allôi è allôs ekhonti*)[1].

Quel est le « trésor » ainsi mis à jour ? Quelle est la « source vive » indiquée par Aristote ? Notre réponse sera celle-ci : le trésor est celui de la *différence entre l'être et l'étant (Wesen und Existenz*, écrit Marx), la source vive est *leur provenance commune.* On sait en effet que ce n'est pas en contemplant l'Idée que la pensée aristotélicienne travaille[2], mais en extrayant du sensible même l'*eidos* ; ainsi en va-t-il avec l'exemple de la chair, tel qu'il est plus expressément développé par Aristote dans les lignes suivantes.

Comment la chair se donne-t-elle ? *Sensiblement* tout d'abord, comme cette chair-ci, ce *tode ti*, avec ses qualités de chaleur ou de douceur ; une chair matérielle donc, qui, comme le camus, « n'existe pas séparée de la matière »[3]. Cette chair est jugée par les sens, c'est leur fonction « critique » propre. Mais la chair peut aussi s'appréhender *dans son être* (et ce n'est pas là un mouvement dialectique) : on peut connaître *to sarki einai*. Dans ce but on procède, écrit Aristote, « par la même faculté placée, à l'égard d'elle-même, dans la relation que soutient la ligne brisée une fois redressée avec la ligne brisée elle-même »[4], ce qui veut dire que, de même que l'on pense la *forme* du nez camus, en tant que *ligne* brisée, en extrayant de *l'aspect* du nez qui est vu la *continuité* linéaire qui se donne *avec* la cassure de ce nez, de même, l'être de la chair peut être extrait de l'aspect que lui confèrent les qualités sensibles inhérentes à son incarnation : tiède, douce

1. *De An.* III, 4, 429 b 10-13. Trad. de Marx : *Weil aber ein anderes ist die Grösse und das Grosssein und Wasser und das Wasser sein ; so auch in vielem andern, aber nicht in allem ; denn in einigem ist diess dasselbe* [commentaire de Marx : *das Wesen und die Existenz, essentia und existentia*], *ob der noûs das Fleisch und das Fleischsein durch einen andern Theil oder durch denselben beurtheilt, so aber, dass er anders modificirt ist* (MEGA², IV, 1, p. 162-163). Suit le commentaire sur « la profondeur d'esprit aristotélicienne » cité *supra*.

2. Cf. *Métaph.* A, 9, 991 a 22.

3. III, 4, 429 b 13. La chair et le camus sont des *tode en tôide* (429 b 14), des « ceci en cela » (*ein Dieses in einem Diesen*, traduit Marx, *in* MEGA², IV, 1, p. 163).

4. *De An.* III, 4, 429 b 16-17.

ou rugueuse, ferme ou amollie (ce sont ses qualités sensibles), la chair *est* par là même (c'est son être le plus propre) le *metaxu* du toucher, et l'abstraction de son être *procède de* la sensation du toucher charnel en acte. «C'est dans les formes sensibles que sont les intelligibles», conclura Aristote [1], car «l'âme ne pense jamais sans image» [2]. Voilà comment le *noûs*, au sens large de ce terme, pensant à partir des sensations, produit l'idéalité qui, si l'on veut parler comme Anaxagore, «domine» le réel.

Mais il reste encore une dernière modalité de l'intellect à analyser, celle de l'abstraction portant sur des étants eux-mêmes abstraits ou formels, comme le sont les étants mathématiques :

> Dans le cas des êtres abstraits (*khôristôi*), il en est de la ligne droite comme du camus : [cela va] avec le continu (*meta sunekhous*) ; mais la quiddité (*to ti èn einai*) est autre, si l'être de la ligne droite (*to euthei einai*) est autre que la ligne droite (*to euthu*) ; supposons que ce soit la Dyade. C'est donc par une faculté différente ou par la même se comportant d'une manière différente qu'on en juge. Et, en général, pour autant que les choses sont séparées de la matière, il en est de même pour ce qui concerne l'intellect [3].

Le «retournement» de la pensée platonicienne atteint dans ce passage à une sorte de perfection, puisque c'est en utilisant la dernière doctrine de Platon, qui conçoit l'être de la ligne comme Dyade, qu'Aristote en vient soutenir qu'il en va dans ce cas exactement comme dans le cas du camus. Loin donc que les Idées-nombres, dont le Stagirite admet ici l'hypothèse pour les besoins de l'argumentation, indiquent l'absolu de la séparation entre le *to ti èn einai* et la réalité sensible, elles procèdent une fois de plus d'une certaine matérialité, comme c'était le cas pour le camus. Certes, c'est une *matérialité logique*, puisque c'est la continuité inhérente à la ligne mathématique réelle, mais le «trésor» dévoilé par ce texte est justement que le *noûs* ne peut se séparer de la matière, dans son processus d'intellection, que dans l'exacte mesure où les *pragmata* eux-mêmes le peuvent. Il s'ensuit que, puisque les idéalités formelles mathématiques sont elles aussi engagées dans une matière qui leur est propre, l'intellect ne procède pas autrement en ce domaine que dans le monde sensible : il extrait la quiddité, accroît sa puissance d'être propre et s'avance ainsi vers

---

1. *De An*. III, 8, 432 a 5 : *en tois eidesi tois aisthètois ta noèta esti.*

2. *Ibid.*, III, 7, 431 a 16. L'imagination étant par ailleurs «le mouvement produit par la sensation en acte», III, 3, 429 a 1.

3. *Ibid.*, III, 4, 429 b 16-22 (trad. de Marx *in* MEGA², IV, 1, p. 163, avec, en regard de l'allusion à la Dyade, ce commentaire : *Nach Plato ist die Einheit das* to ti èn einai *der Linie, die* duas *der graden Linie*).

l'actualisation de sa quiddité, vers « ce que c'était que d'être (*to ti èn einai*) » un intellect. Seules, en définitive, les « réalités immatérielles (*tôn aneu hulès*) » [1] s'accorderont, pour autant que nous puissions effectivement les connaître, avec un intellect humain séparé (*khôristos*) *stricto sensu*, un intellect « semblable à une sorte d'état comme la lumière » [2], acte humain par essence, contemplation pure faisant écho à l'Acte divin.

Mais ici, Marx, s'il traduit encore Aristote, ne le commente plus – à l'inverse de Hegel qui voyait dans la théorie du *noûs khôristos* exposée en *de Anima* III, 5 « le point culminant de la métaphysique aristotélicienne ; ce qu'il peut y avoir de plus spéculatif » [3]. C'est que, dans le *de Anima* comme dans les fables, les trésors ne valent que par la peine qu'on prend à les chercher, et les sources connaissent le destin de tous les fleuves, qui est de se perdre dans les mers.

1. *De An.* III, 4, 430 a 3.
2. *Ibid.*, III, 5, 430 a 15.
3. G. W. F. Hegel, *Leçons sur l'histoire de la philosophie, op. cit.*, p. 583.

BIBLIOGRAPHIE

ŒUVRES DE K. MARX

Marx – Engels Gesamtausgabe (MEGA²) :
– *Ökonomisch-philosophische Manuskripte, zweite Wiedergabe, in* MEGA², *erste Abteilung*, Bd. 2, Berlin, Dietz Vg., 1982. (= MEGA², I, 2).
– *Das Kapital. Kritik der politischen Ökonomie. Erster Band. Hamburg 1867, in* MEGA², *zweite Abteilung*, Bd. 5, Berlin, Dietz Vg., 1983 (= MEGA², II, 5).
– *Aristoteles de Anima II und III – Berlin 1840, in* MEGA², *vierte Abteilung*, Bd. 1, Berlin, Dietz Vg., 1976 (= MEGA², IV, 1).

Das Kapital, Band I, Frankfurt-Berlin-Wien, Ullstein Buch Vg., n° 2806, 1975.
Manuscrits économico-philosophiques de 1844, trad. fr. F. Fischbach, Paris, Vrin, 2007 (= *M. E-Ph. 1844*).
Manuscrits de 1844, trad. fr. É. Bottigelli, Paris, Éds. Sociales (1962), 1972.
Manuscrits de 1844, trad. fr. J.-P. Gougeon, Introduction J. Salem, Paris, G.F.-Flammarion, 1996.
Le Capital. Critique de l'économie politique. Livre premier, trad. fr. J.-P. Lefebvre *et alii*, (Paris, Éds. Sociales, 1983), P.U.F., coll. Quadrige, 1993.
Le Capital, livre I, trad. fr. J. Roy, Paris, G.F.-Flammarion, 1969.
Manuscrits de 1857-1858 (« Grundrisse »), trad. fr. J.-P. Lefebvre, Paris, Éds. Sociales, t. I et II, 1980.
Introduction générale à la critique de l'économie politique (1857), Cahier M des *Grundrisse*, in *Manuscrits de 1857-1858*, t. I.
Karl Marx – Friedrich Engels. Textes sur la méthode de la science économique – Texte über die Methode der ökonomischen Wissenschaft, éd. bilingue, trad. fr. J.-P. Lefebvre, Introduction L. Sève, Paris, Éds. Sociales, 1974.
Critique de l'État hégélien (Manuscrit de 1843), trad. fr. K. Papaioannou, Paris, U. G. E., coll. 10/18, 1976.

Théories sur la plus-value. Livre IV du « Capital » (= Manuscrits de 1861-1863, extraits des *Matériaux pour l' "Économie"*, 1861-1865), trad. fr. G. Badia *et alii*, Paris, Éds Sociales, t. I, 1974 et t. II, 1975.

Œuvres. Économie I, M. Rubel (éd.), Paris, Gallimard, Pléiade, 1965 :

– *Misère de la philosophie.*

– *Manifeste du parti communiste.*

– *Introduction générale à la critique de l'économie politique.*

– *Critique de l'économie politique.*

– *Le Capital*, livre I.

– *Critique du Programme de Gotha.*

Œuvres. Économie II, M. Rubel (éd.), Paris, Gallimard, Pléiade, 1968 :

– *Économie et philosophie (Manuscrits parisiens, 1844).*

– *Le Capital*, livres II et III.

– *Notes critiques sur le traité d'économie politique d'Adolph Wagner.*

– *Subordination formelle et réelle du travail au capital.*

Œuvres III. Philosophie, M. Rubel (éd.), Paris, Gallimard, Pléiade, 1982 :

– *Thèses sur Feuerbach (Ad Feuerbach).*

– *L'Idéologie allemande.*

– *Différence de la philosophie naturelle chez Démocrite et chez Épicure.*

– *Cahiers d'étude sur la philosophie épicurienne.*

COMMENTAIRES ET AUTRES TEXTES

ALTHUSSER, L., *Pour Marx*, Paris, Maspéro, 1965.

— *et alii, Lire Le Capital*, t. I et t. II, Paris, Maspéro, 1965.

BAUDRILLARD, J., *Le miroir de la production*, Paris, Casterman, 1973.

DOSTALER, G., *Valeur et prix. Histoire d'un débat*, Paris-Montréal-Grenoble, Maspéro – Presses de l'Université du Québec – P.U.G., 1978.

DUMENIL, G., Löwy, M. et Renault, E., *Lire Marx*, Paris, P.U.F., coll. Quadrige Manuels, (2009), 2014.

FEUERBACH, L., *Manifestes philosophiques*, trad. fr. L. Althusser, Paris, P.U.F., coll. Épiméthée, (1960), 1973 :

– *Contribution à la critique de la philosophie de Hegel.*

– *Principes de la philosophie de l'avenir.*

– *Thèses provisoires pour la réforme de la philosophie.*

GRANEL, G., « *Incipit Marx* », *Traditionis traditio*, Paris, Gallimard, 1972.

HEGEL, G. W. F., *La première philosophie de l'Esprit (Iéna, 1803-1804)*, trad. fr. G. Planty-Bonjour, Paris, P.U.F., coll. Épiméthée, 1969.

– *Phénoménologie de l'Esprit*, trad. fr. B. Bourgeois, Paris, Vrin, 2006.

– *Propédeutique philosophique,* trad. fr. M. de Gandillac, Paris, Gonthier-Denoël, coll. Médiations, 1977.

– *Principes de la philosophie du droit,* trad. fr. J.-F. Kervégan, Paris, P.U.F., 1998.

– *Encyclopédie des sciences philosophiques, I. Science de la logique,* trad. fr. B. Bourgeois, Paris, Vrin, 1970.

– *Différence des systèmes philosophiques de Fichte et de Schelling,* trad. fr. M. Méry, in *Premières publications,* Gap, Ophrys, (1952), 1975.

– *Leçons sur l'histoire de la philosophie,* Philosophie grecque, t. III « Platon et Aristote », trad. fr. P. Garniron, Paris, Vrin, 1972.

HEIDEGGER, M., « Séminaire du Thor-1968 », *Questions IV,* Paris, Gallimard, 1976.

HENRY, M., *Marx,* t. I et t. II, Paris, Gallimard, 1976.

LABICA, G., *Karl Marx. Les « Thèses sur Feuerbach »,* Paris, P.U.F., 1987.

MARCUSE, H., *Raison et Révolution,* trad. fr. R. Castel et P.-H. Gonthier, Paris, Minuit, 1968.

– *L'ontologie de Hegel et la théorie de l'historicité,* trad. fr. G. Raulet et H. A. Baatsch, Paris, Minuit, 1972.

PAPAIOANNOU, K., *Marx et Hegel : L'interminable débat,* Paris, Allia, 1999.

RANCIÈRE, J., « Le concept de critique et la critique de l'économie politique des *Manuscrits de 1844* au *Capital* », in L. Althusser *et alii, Lire Le Capital,* t. I, Paris, Maspéro, 1965.

RICARDO, D., *Des principes de l'économie politique et de l'impôt,* trad. fr. P. Constancio et A. Fonteyraud, Paris, Champs-Flammarion, 1977.

RODRIGO, P., *Aristote, l'eidétique et la phénoménologie,* Grenoble, Millon, 1995.

ROSDOLSKY, R., *La genèse du "Capital" chez Karl Marx. I. Méthodologie. Théorie de l'argent. Procès de production,* trad. fr. J.-M. Brohm et C. Colliot-Thélène, Paris, Maspéro, 1976.

SARTRE, J.-P., *L'être et le néant,* Paris, Gallimard (1943), coll. TEL., 1976.

SAY, J.-B., *Traité d'économie politique* (1803), Paris, Guillaumin, 1876.

SMITH, A., *Recherches sur la nature et les causes de la richesse des nations,* trad. fr. G. Garnier, Paris, G.F.-Flammarion, 1991.

INDEX DES NOMS

ALTHUSSER L., 8, 13-15, 32, 34, 38, 45, 48, 73

ANAXAGORE, 120, 121, 125, 127

ARISTOTE, 10, 76, 89, 109-119, 121-124, 126-128

BALIBAR É., 48, 85

BAUDRILLARD J., 86

BAUER B., 13, 109, 111

BOTTIGELLI É., 13, 14, 39, 43-45, 57

DÉMOCRITE, 110, 111, 119, 120

DÜHRING E., 110

DUMÉNIL G., 16, 69, 92

EISENSTEIN S. M., 108

ENGELS F., 7, 9, 14, 32, 68, 73, 80, 102, 110

ÉPICURE, 111, 118-122

FEUERBACH L., 7-10, 14, 15, 32-39, 45, 47-50, 60, 61, 64, 84, 106

FISCHBACH F., 11, 13, 28, 39, 44, 57

FRANKLIN B., 71

GOUGEON J.-P., 13, 32, 39, 57, 92

GRANEL G., 32

HEGEL G. W. F., 7, 9, 13-29, 33, 34, 36-40, 42, 43, 45, 48, 54, 56, 60-62, 65, 67, 69, 72, 75, 101, 103, 111, 121, 123, 128

HEIDEGGER M., 25

HENRY M., 15, 46, 49, 50, 59, 60

HUSSERL E., 32, 79

KANT E., 38, 45, 75

LEFEBVRE J.-P., 22, 29, 32, 55, 68-70, 81, 87, 88, 100, 110

MARCUSE H., 14, 16, 18, 25, 35

NIETZSCHE F., 103

PAPAIOANNOU K., 14, 17, 43

PETTY W., 71, 103

PLATON, 121, 123, 125, 127

PROUDHON P. J., 23, 24, 102, 109

RANCIÈRE J., 32, 33, 38, 59, 62, 81, 84

RENAULT E., 16
RICARDO D., 21, 26, 28, 29, 58, 69,
   71-73, 76, 82-84, 91, 100
ROY J., 15, 27-29, 79, 81, 85, 87
RUBEL M., 9, 23, 26, 40, 57, 68,
   84, 95, 110, 111

SALEM J., 32, 39, 92

SARTRE J.-P., 35
SAY J.-B., 21, 58, 72, 83, 84
SMITH A., 21, 26, 29, 33, 52, 58,
   69-75, 77, 78, 83, 84, 96, 100
SOCRATE, 120, 121
STIRNER M., 13, 49, 109

WAGNER A., 15, 90, 91, 102, 130

TABLE DES MATIÈRES

INTRODUCTION.. 7

CHAPITRE PREMIER : LE BESOIN DE LA PHILOSOPHIE SPÉCULATIVE................. 13
Le concept hégélien de travail 16
Le besoin de la philosophie hégélienne 23

CHAPITRE II : LE PRODUCTEUR ET L'ONTOLOGIE DU SENSIBLE DANS LES
MANUSCRITS DE 1844.. 31
Feuerbach et le penseur libéré du besoin 33
L'ontologie du sensible des Manuscrits de 1844 38
Le producteur et son non-être (Unwesen).................................... 51
Soutenir l'équivoque ou faire ses preuves ?................................ 58

CHAPITRE III : LA CRITIQUE DE L'ÉCONOMIE POLITIQUE ET LE TRAVAIL DU
TEXTE... 67
La recherche du principe de l'économie politique dans les Manuscrits
de 1844... 72
Le Capital et l'analyse des formes.. 78
La fiction de la transparence : Robinson et la valeur 96
La Critique du Programme de Gotha et le destin de l'équivoque.......... 102

CHAPITRE IV : LA GENÈSE DE L'ÉCHANGE ET DE L'IDÉALITÉ FORMELLE.
MARX, L'ÉCONOMIE ET LE DE ANIMA D'ARISTOTE 109
L'analyse formelle de la valeur et de la monnaie.......................... 111
Marx, Epicure et Aristote : idéalité, matière et sensation 118

BIBLIOGRAPHIE.. 129

INDEX DES NOMS 133

TABLE DES MATIÈRES 135

Achevé d'imprimer par Corlet Numérique - 14110 Condé-sur-Noireau
N° d'Imprimeur : 114235 - Dépôt légal : décembre 2014 - *Imprimé en France*